Síndrome 1933

Síndrome 1933

SIEGMUND GINZBERG

Traducción de Bárbara Serrano Kieckebusch

gatopardo ensayo

Título original: *Sindrome 1933*

Rambla de Catalunya, 131, 1.º-1.ª
08008 Barcelona (España)
info@gatopardoediciones.es
www.gatopardoediciones.es

Primera edición: octubre de 2024

Diseño de la colección y de la cubierta: Rosa Lladó

ISBN: 978-84-129125-2-4
Depósito legal: B-18354-2024
Impresión: Estilo Estugraf Impresores S. L.
Impreso en España

NOTA A LA EDICIÓN ESPAÑOLA

«Estaba desesperado. El malnacido que me robó el perro no sabe cuánto daño me hizo.» Quien habla no es Donald Trump, ni Vance, su candidato a la vicepresidencia. Es Adolf Hitler, en una de *Las conversaciones íntimas* registradas durante la Segunda Guerra Mundial por su secretario, Martin Bormann. Relata sentidamente la pérdida de *Fuchsl*, el perrito vagabundo que el futuro Führer encontró y adoptó en las trincheras de la Gran Guerra. El animal se encariñó con él. Hitler lo amaestró para que hiciera números de circo. «Con mucha paciencia», porque el can «no entendía ni una palabra de alemán». Le daba galletas de chocolate para comer. «Se había acostumbrado a ellas con los ingleses, que estaban mejor alimentados que nosotros [los alemanes]», les explica a unos comensales. Dejó a *Fuchsl* atado en la trinchera antes de participar en una misión en la línea del frente y a su regreso había desaparecido. *Fuchsl* tuvo un triste final. Probablemente, devorado por los compañeros, siempre necesitados de suplementos proteínicos para su escasa dieta (también comían ratones o restos de caballos muertos, como narra el propio Hitler en otros pasajes).

Despiadados con los seres humanos, compasivos con los animales. Entre las primerísimas medidas aprobadas por el gobierno de Hitler, después del decreto que disponía que se expulsara inmediatamente de los territorios del Reich a los inmigrantes clandestinos (casi todos judíos, huidos de la miseria, la guerra y los pogromos del Este), figuraba una «Ley contra la crueldad hacia los animales», promulgada en abril de 1933 (Hitler había sido nombrado canciller a finales de enero). Fue una ley pionera, y la más avanzada del mundo. Prohibía la vivisección, los experimentos médicos con animales, cualquier forma de «tormento y maltrato» y toda clase de «dolor y sufrimiento innecesarios» (como se recoge en su primer artículo). En particular, proscribía el sacrificio ritual practicado por los judíos, que implica el desangramiento de la bestia. Con suma atención al detalle, artículo por artículo, página por página, prohibía la eutanasia de los animales domésticos enfermos (salvo si la llevaba a cabo un veterinario), la amputación de las orejas o el rabo de los cachorros de más de dos meses (a menos que se hiciera bajo anestesia) y la de la cola de los caballos. Prohibía las cacerías con jaurías y sobre todo la caza del zorro, una barbaridad británica. Prohibía aturdir o anestesiar a los animales antes de sacrificarlos. Incluso cocer langostas o cangrejos en agua que no estuviera en ebullición. No se trataba de una normativa improvisada: el asunto había sido discutido intensamente entre los funcionarios del Ministerio del Interior, responsables de redactar el texto. Dos de ellos incluso habían escrito un tratado científico sobre el tema.

La ley preveía penas muy duras. Cuando aún no había sido aprobada, el vicecanciller del Reich, Hermann Göring, ya amenazaba con encerrar a los infractores en campos de concentración (nótese que esto sucedía antes de que el régimen reconociera su existencia). «El pueblo alemán siempre ha mostrado un gran amor por los animales y siempre se ha preocupado por su protección», declaró. Hasta que la compasión se había perdido «bajo la influencia de concepciones de la justicia extranjeras y por una extraña interpretación de la ley, debido a que el ejercicio de la justicia se hallaba en manos de gente ajena a la nación» (es decir, en manos de judíos, los inmigrantes por antonomasia).

El doctor Mengele, absolutamente respetuoso con la ley, al igual que sus colegas médicos de Auschwitz, no practicaba la vivisección de animales. Sus horribles y sádicos experimentos, sin anestesia, los realizaba con seres que él consideraba subhumanos y muy inferiores a los animales. Volvía a casa del trabajo y abrazaba a su perro. Los perros y los gatos de los judíos habían sido exterminados incluso antes que sus dueños.

Hitler era rigurosamente vegetariano. Tuvo numerosos perros por los que sentía un enorme afecto, hasta la última, una pastor alemán llamada *Blondi*, a la que quiso a su lado en el búnker de Berlín, donde la envenenó amorosamente antes de suicidarse. Consideraba que los judíos eran unos inmundos «comedores de carne». Carroña que se alimentaba de carroña. En la propaganda nazi, la compasión alemana por los animales se confrontaba con el horror de la crueldad atávica y genética de los hebreos. El exterminio se anticipó mediante intensas campañas masivas. *Der Stürmer*, el repugnante pero ampliamente difundido periódico de Julius Streicher, *Gauleiter* de Núremberg, publicaba sistemáticamente artículos y viñetas que denunciaban los espantosos sacrificios rituales que practicaban los judíos. No podía faltar una escena de sombríos individuos de caricaturesca fisonomía semítica degollando a una pobre vaca inmovilizada y vertiendo su sangre con ademán satisfecho y demoníaco. En otras ilustraciones, los desalmados judíos sacrifican a inocentes chiquillos o a niñas desnudas sometidas a su voluntad. Como es natural, todas las víctimas, sean vírgenes o reses de tierna mirada, son de un blanco inmaculado, y las chicas, siempre rubias. Por contraste, sus asesinos y torturadores presentan rasgos africanos, labios gruesos y narices aguileñas, y visten colores oscuros. El mal es negro; la víctima, nórdica.

Der Stürmer dedicó un número especial a la salvaje fábula medieval según la cual los judíos secuestraban y degollaban a niños cristianos para aderezar con su sangre el pan ácimo del *Pésaj*. Eso resultó excesivo incluso para los nazis. Hitler ordenó prohibir la edición. No se sabe si porque era demasiado sangrienta y antisemita, o por ser demasiado pornográfica, con abundantes chicas desnudas. Hasta su prohibición, había tenido unas ventas exorbitantes: más de dos millones de ejemplares. El periódico, que había nacido en 1923, siguió publicándose hasta casi el final de la contienda. En cada remota aldea de Alemania había un mostrador especial donde se exhibía, con las morbosas ilustraciones a la vista.

La patraña de los inmigrantes clandestinos haitianos de Ohio que roban perros y gatos y se los comen, aireada por Trump, será recordada como uno de los temas clave de las elecciones presidenciales estadounidenses de 2024. (Escribo esto antes de que tengan lugar, por lo que aún no sabemos si el bulo de las mascotas devoradas logrará restar o sumar votos al candidato republicano.) La famosa frase de Goebbels de que una mentira repetida una y otra vez se convierte en verdad no lo explica del todo. Lo que importa de una mentira no es su veracidad ni su verosimilitud, sino las emociones que despierta. Para fundamentar sus horrendas invenciones, Streicher creó un centro de documentación y una biblioteca muy bien surtida, que reunía las pruebas «irrefutables» de antiguas leyendas medievales y recortes de periódico, especialmente crónicas judiciales. El judío violador, el judío ladrón y embustero, el judío asesino y un largo etcétera. Allí trabajaban decenas de «especialistas», junto con supuestos profesores y periodistas. Qanon, el Foro de Madrid, el Proyecto 2025 trumpiano y «la Bestia»[1] de Salvini no han inventado la pólvora.

Trump y Vance no son estúpidos. Saben muy bien lo que hacen. Escogieron a Vance como candidato a la vicepresidencia precisamente para consolidar a Trump en los pequeños pueblos del corazón de la Norteamérica profunda, como Springfield, en Ohio. Ahí es donde se concentra la base electoral republicana. Paralelamente, el cine y la literatura viven un resurgimiento de la ciencia ficción y la política ficción apocalípticas. Por ejemplo, la película *Civil War*, de Alex Garland, imagina unos Estados Unidos que, debido a un presidente que se resiste a abandonar la Casa Blanca, se transforma en un inmenso campo de batalla, en pura devastación y ruina, con ejecuciones sumarias y otros horrores equiparables a los de Gaza y Ucrania. Qué buena idea: ¿quién no tiene en mente lo que se ve cada día en televisión, quién no recuerda las escenas del asalto al Capitolio, quién olvida que Trump todavía no ha aceptado el último resultado electoral e insiste en que, si no gana, tampoco reconocerá el próximo? ¿Quién no se ha estremecido al pensar en lo que habría ocurrido si los atentados contra Trump hubieran logrado su objetivo?

Las analogías son un terreno resbaladizo. Pero también han sido siempre una herramienta para entender el mundo. Con este libro nunca he pretendido sugerir que vayan a repetirse los acontecimientos. Por una suerte de superstición, deseaba conjurar el peligro enumerando todo lo que recuerda al clima de la década de 1930 en Alemania y que resulta imperioso frenar. En cambio, cuando regreso a estas páginas, constato perplejo que las cosas siguen em-

1. Apodo de Luca Morisi, responsable de la agresiva estrategia de comunicación de la ultraderechista Liga de Salvini. *(Salvo que se indique lo contrario, todas las notas son de la traductora.)*

peorando. Nos acercamos a los años treinta del siglo XXI. La crisis que amenaza a Europa, a América y al mundo entero es distinta de la de entonces. Y sin embargo, impresiona ver cómo se repiten ciertas situaciones, no idénticas, pero sí parecidas, análogas. Así como se repite la disyuntiva de salir de una crisis en una dirección y también en la dirección opuesta, el que la democracia ya no se dé por sentada ni esté garantizada para nadie. Y que uno pueda encontrarse al borde del abismo sin advertirlo siquiera.

Trump no es nazi. Tampoco lo son Santiago Abascal, ni Marine Le Pen, ni Giorgia Meloni, ni Javier Milei, ni Viktor Orbán, ni siquiera Matteo Salvini. Cuesta más afirmarlo respecto a los vencedores de las elecciones generales austríacas de septiembre de 2024, el Partido de la Libertad de Austria (FPÖ), cuyo primer presidente fue Anton Rainthaller, antiguo miembro de las SS. Y también resultan especialmente inquietantes los resultados electorales de Turingia en ese mismo mes: la ultra Alternativa para Alemania (AFD) fue el partido más votado, y en tercer lugar quedó la durísima Alianza Sahra Wagenkencht (BSW), un aterrador ejemplo de rojipardismo. Pero todos ellos tienen una importante deuda con su base electoral y con los «camaradas» con los que han librado tantas batallas. «Esta gente me quiere. Es mi gente. No puedo apuñalar por la espalda a la gente que me apoya.» Así explicó Donald Trump a su colega republicano Paul Ryan su apoyo a los golpistas del asalto al Congreso del 6 de enero de 2021.

Al Hitler consagrado en 1933 no lo vieron venir. Comentando el último resultado electoral en Alemania, un respetable político francés, de izquierdas y judío, escribió que Hitler era «el símbolo del cambio, de la renovación, de la revolución». Se habían celebrado las elecciones al Reichstag del 31 de julio de 1932. El Partido Nacionalsocialista había obtenido el mejor resultado que logró en unos comicios aún libres y democráticos. El centro y la izquierda sumaban más votos que él, pero se mostraban incapaces de ponerse de acuerdo. Quien expresó la anterior opinión sobre Hitler, publicada en *Le Populaire* el 3 de agosto de 1932, se llamaba Léon Blum. Desde luego, no era admirador de Hitler. Era el líder de los socialistas franceses. En 1936 sería nombrado primer ministro del gobierno del Frente Popular. En 1943, la república títere de Vichy lo procesaría y entregaría a los nazis, que lo encerraron con su mujer en Buchenwald.

Blum estaba convencido de que en Alemania había personajes peores y más reaccionarios que Hitler. Creía que habría resultado «aún más desoladora» una victoria de los viejos bribones de la política y de la derecha. Por ejemplo, de Von Papen, el centrista católico y excanciller, que presuntamente ideó el gobierno encabezado por Hitler con él mismo como vicecanciller, con la ilusión de tener la sartén por el mango. O el general Von Schleicher, el último canciller antes del Führer: pretendía que el Ejército interviniera contra los nazis, por lo que las SS lo asesinaron en la Noche de los Cuchillos Largos. Blum consideraba que Hitler representaba «lo nuevo», «el cambio», «la renovación», incluso la «revolución» en una Alemania anquilosada, con la República de Weimar en fibrilación. Él, un judío sometido al escarnio permanente de los antisemitas franceses, sostenía que el antisemitismo y el racismo de Hitler expresaban también los «instintos contradictorios, todas las inquietudes, las miserias y las sublevaciones de la Nueva Alemania». En definitiva, el prestigioso referente del socialismo de la década de 1930 exponía exactamente los mismos argumentos que algunos esgrimen hoy para explicar el consenso en torno a Donald Trump. Teniendo en cuenta la aprobación de la que goza entre los jóvenes, incluso en la comunidad negra y la hispana, dicho consenso derivaría de su condición de verdadero hombre nuevo, antisistema, abanderado del dinamismo frente al estancamiento, de la arrogancia frente al *establishment*. No obstante, hay una diferencia con el pasado: esta vez sí que los vemos venir.

Entre los lectores de esta obra destaca uno cuya opinión me ha asombrado: el papa Francisco, que la ha citdo en varias ocasiones, invitando a leerla, a pesar de que el autor no es creyente, es judío y un intelectual que durante muchos años escribió para el periódico del Partido Comunista Italiano. Espero que también le guste mi nuevo libro, que publicará en Italia Feltrinelli, sobre las guerras atroces y las paces ambiguas de la antigüedad, que se asemejan bastante a las actuales. La primera vez que habló de *Síndrome 1933* fue en ocasión de la visita al Vaticano de Pedro Sánchez, en vísperas de otras elecciones presidenciales en Estados Unidos, en 2020. Trump perdió; ganó Biden. La mitad de los nueve minutos de aquella audiencia estuvo dedicada al libro. Según el papa Francisco, «quienes gobiernan deben hacer progresar el país, consolidar la nación y construir la patria, pero una patria con todos». Su misión, la misión de la política, afirmó, «es una forma muy alta de la caridad y del amor». En el mundo entero, la política se encuentra en uno de sus momentos más bajos, exactamente igual que en la República de Weimar. Pero estoy convencido de que también sigue siendo lo único que puede salvarnos.

SIEGMUND GINZBERG, septiembre de 2024

1
COSAS QUE YA SE VIERON EN EL 33

Un pacto de Gobierno entre dos partidos que se habían insultado hasta el día anterior. Con la mediación de alguien que se creía más listo que los demás. Hitler radiante en el balcón. Los socialdemócratas le restan importancia: «Hitler no es Mussolini, Alemania no es Italia», «durará poco». Los comunistas están esperando la revolución. Últimamente debaten si las tiendas deben cerrar en Nochebuena.

El año se presentaba rutinario. Como de costumbre, los partidos discutían. Sobre las cosas de siempre. Ninguno tenía la mayoría. Entonces llegaron las frenéticas negociaciones. Entre polémicas, vetos cruzados, encuentros secretos y maniobras bajo mano. Hasta la víspera, es más, hasta minutos antes, nadie habría apostado a que el anciano presidente iba a nombrar canciller a Adolf Hitler. Ni siquiera al frente de un Gobierno de consenso entre partidos que habían estado peleándose a muerte, insultándose mutuamente.

Hacía tiempo que se intuía una convergencia entre la vieja centroderecha del magnate de los medios Alfred Hugenberg y el nuevo populismo agresivo de los nacionalsocialistas de Hitler. De hecho, ya habían intentado llegar a un acuerdo. Pero no lo habían logrado. El centroderecha tenía demasiados gallos en el gallinero, los empresarios y la élite desconfiaban de los populistas. Parecía que ese matrimonio no iba a producirse. Y sin embargo...

CONTRATO DE GOBIERNO CON MEDIADOR

El 30 de enero de 1933 cayó en lunes. Un día frío pero seco. Por la mañana aún no estaba claro cómo acabaría la jornada. En cierto momento había corrido el rumor de que se habían roto las conversaciones para un nuevo Gobierno y que Hitler ya viajaba de vuelta a Múnich. El embajador británico había informado a su país de que el presidente se disponía a encargar el mandato a Von Papen. En efecto, las negociaciones avanzaban a buen ritmo.

Entre las nueve y las diez los dos máximos representantes del Stahlhelm (los Cascos de Acero, la potente asociación de excombatientes ultranacionalista), Theodor Düsterberg y Franz Seldte, se presentaron en el apartamento que Von Papen tenía en el Ministerio del Interior. Papen intentó convencerlos de que entraran en un Gobierno de coalición presidido por Hitler. Alterado, les dijo: «Si a las once no está conformado el nuevo gabinete, intervendrá el Ejército. Existe la amenaza de una dictadura militar encabezada por Schleicher». Más tarde llegaron también Hitler y Göring. Düsterberg ni siquiera los saludó. No perdonaba cómo lo había atacado la prensa nazi durante las elecciones presidenciales de 1932 llamándolo judío (de hecho, uno de sus abuelos se había convertido al cristianismo, pero en aquella época Düsterberg no lo sabía). Hitler se le acercó y juró que jamás había autorizado, ni mucho menos ordenado, aquellos ataques personales. Desarmado por el gesto, Düsterberg dejó de lado sus objeciones a que se incorporara al Gobierno un representante del Stahlhelm. A ministro regalado no se le mira el diente. Seldte aceptó con entusiasmo el Ministerio de Trabajo. Prosiguieron las nerviosas negociaciones en la antecámara del presidente de la República, donde habían sido emplazados a las once. Hitler hacía promesas, tranquilizaba a unos y otros. El conde Schwerin von Krosigk, un político que ya había servido en gobiernos anteriores, también había sido convocado, y todavía se ignoraba por qué. Solo en el último instante le dijeron que querían que fuera ministro de Finanzas. Él aceptó con una única condición: que le permitieran mantener el presupuesto en orden, sin rebasar el déficit. Se lo aseguraron, mintiendo a conciencia. Hugenberg, el líder de los nacional-populares y dueño de la mitad de la prensa, ya había acaparado ministerios, pero minutos antes de su juramento estuvo a punto de dinamitarlo todo: no le habían dicho que Hitler había decidido convocar de inmediato nuevas elecciones y temía, con razón, que su Partido Nacional del Pueblo Alemán quedara eclipsado. Hitler le dio su palabra de honor de que, fuera cual fuese el resultado de los comicios, esa composición del Gobierno permanecería intacta. Pero Hugenberg no cedía: nada de elecciones anticipadas. «¿Cómo puede dudar de la palabra de honor de un alemán?», intervino Von Papen. Hitler mentía. Von Papen mediaba, persuadía, mentía también. La disputa solo acabó cuando el jefe de gabinete de la Presidencia de la República, Otto Meissner, entró con el reloj en la mano y les aseguró que no podían seguir haciendo esperar al presidente. Al final, quien juró su cargo a mediodía fue Hitler. Tenía cuarenta y tres años.

Contraviene todas las reglas anticipar el final de una historia, quiénes son los culpables, qué les ocurre a los protagonistas. Pero no me resisto a contarlo aquí y ahora, aun a riesgo de hacer un *spoiler*, de arruinar el suspense. De las partes originales del «contrato» de Gobierno solo sobrevivió una, que engulló a la otra. Hugenberg se mantuvo en el cargo menos de seis meses, de enero a julio. Su Partido Nacional del Pueblo Alemán se disolvió en el Partido Nacionalsocialista. Más tarde también le arrebataron los periódicos. Pero conservó el escaño y las dietas de diputado hasta 1945. «Cometí la mayor estupidez de mi vida. Me alié con el peor demagogo de la historia...», se le atribuye. Quizá sea una declaración apócrifa, quizá nunca dijo esto o no con estas palabras. Pero desde luego refleja la verdad.

El líder de los «nacionalistas con casco», Düsterberg, escapó por los pelos a la Noche de los Cuchillos Largos de 1934, y acabó en un campo de concentración por haber criticado al Gobierno. Además era culpable de ser medio judío. Seldte, que se había pasado en cuerpo y alma a los nazis, siguió siendo ministro de Trabajo hasta el fin del Tercer Reich.

Von Papen, el aprendiz de brujo que hizo canciller a Hitler creyendo que lo engañaría, también se libró por poco de la Noche de los Cuchillos Largos. Se le atravesó a Hitler con el discurso que dio en Marburgo en junio de 1934, en el que condenó el «falso culto a la personalidad», el «fanatismo de los fanáticos doctrinarios», la intolerancia a cualquier crítica. Sus principales colaboradores, empezando por Edgar Jung, que había redactado el discurso, pagaron con la vida. En cambio, Von Papen logró hacerse perdonar y sobrevivir. Mantuvo una reunión aclaratoria con Hitler, del tipo «una llamada que te salva la vida», y fue disculpado. Tal vez porque el canciller no quería provocar al presidente de la República. Aunque era mayor y estaba enfermo, Hindenburg tenía autoridad sobre el Ejército. Se rumoreaba de nuevo que declararía la ley marcial si Hitler no frenaba la violencia de las SA: Hitler mandó asesinar al líder de las SA, Röhm, y a todo su Estado Mayor, y se reservó a

Von Papen. Este, destituido, siguió sirviéndole de rodillas como diplomático. Firmó, junto con el cardenal Pacelli, el Concordato entre la Alemania nazi y el Vaticano de Pío XI: en la práctica, la sentencia de muerte del Zentrum católico. Fue embajador en Viena para preparar el *Anschluss*, y después en Ankara para intentar arrastrar a Turquía a la guerra del lado de Alemania, pero fracasó. Acabó en el banquillo de los acusados en Núremberg. Pero no había perdido la costumbre de caer siempre de pie: fue absuelto y liberado en segunda instancia.

En el Gobierno que juró el cargo ese 30 de enero, los nazis estaban en visible minoría. Si bien era el primer partido, con un 33 por ciento del sufragio, se había conformado con solo dos ministros: Frick en Interior y Göring sin cartera (aunque en realidad era el ministro del Interior bis: días más tarde, como ministro del Interior de Prusia, asumiría el control de las fuerzas policiales de tres quintas partes de Alemania). Los más prepotentes fingían «humildad». La parte del león se la llevó el otro signatario principal del contrato de Gobierno, perdón, del pacto de Gobierno, el Partido Nacional Popular de Hugenberg. Con algo más del 8 por ciento, tenía el triple de ministros que los nacionalsocialistas. Acumulaba los ministerios de Economía, de Desarrollo y de Agricultura tanto del Reich como de Prusia. Sacaba oro de las reservas de consenso y clientelismo, se arrogaba el papel de *Wirtschaftsdiktator*, de zar de la economía. Los demás ministros, incluidos el de Defensa y el de Exteriores, eran «técnicos» afines al presidente. Von Papen, el católico de derechas que había fraguado toda la operación, conservó para sí el puesto de vicecanciller y de comisionado para Prusia. Hitler y Hugenberg sumaban 248 escaños de 584. Para tener mayoría habrían necesitado al menos 40 más. Por eso la lista de ministros estaba incompleta: habían dejado vacante el Ministerio de

Justicia con la esperanza de incorporar también al moderado Zentrum católico de monseñor Ludwig Kaas, con 75 diputados. No lo consiguieron. Los católicos no entraron en el Gobierno de Hitler, pero votaron la reforma constitucional que le permitió prescindir del Parlamento.

ESCENAS DE JÚBILO DESDE EL BALCÓN

La radio anunció el nombramiento de Hitler poco después de las 13.00. Seguidores extasiados y simples curiosos empezaron a agolparse en la Wilhelmstrasse, frente al imponente Kaiserhof, el principal y más emblemático hotel de Berlín. Allí tenía Hitler su residencia y oficina en la capital. Junto con su equipo y sus guardaespaldas ocupaba toda la planta superior. En la calle esperaban los vehículos de los noticiarios cinematográficos. Sonriente, Hitler salió al balcón para saludar a la exultante muchedumbre. No había micrófonos. No se ve el movimiento de los labios. Así que no podemos saber si dijo «lo hemos conseguido».

Ya había anochecido cuando —«a las ocho en punto», como señaló un diario local— comenzó el desfile oficial, con banderas y esvásticas, hombres de las SA y de las SS con uniformes y antorchas. Hitler se asomó a otro balcón o, mejor dicho, por una ventana: la de la Cancillería de la que había tomado posesión.

De ese día nos han llegado retratos suyos con chaqueta cruzada y corbata. No estamos acostumbrados a ver fotografías de Hitler vestido de civil. Las hay, pero él prefería aquellas en las que aparecía uniformado. El suyo era un traje de Führer, diseñado para él. Ni en el cénit de sus delirios de omnipotencia habría aceptado disfrazarse con un uniforme que no le correspondiera como, por ejemplo, el de oficial de la *Wehrmacht* o de la Policía del Estado.

«Un río de fuego, un río impetuoso, imparable, que en oleadas sucesivas, a paso de marcha y perfectamente alineado, atraviesa el centro de la ciudad, al son de cánticos guerreros y consignas.» Un espectáculo impresionante, según el testimonio del embajador André François-Poncet, que lo presenció desde una de las ventanas de sus oficinas con vistas a la Pariser Platz. Impresionante, pero no exactamente tranquilizador. Coreaban *Heil Hitler!* pero también *Deutschland erwache!*, *Juda verrecke!*, «¡Despierta, Alemania!», «¡Muere, judío!». Entonaban la canción de Horst Wessel, con especial énfasis en el verso que decía «Todo irá mejor cuando la sangre de los judíos gotee de los cuchillos». Pero ¿por qué tengo grabada en la retina la escena del balcón? ¿Por qué me parece haberla visto de nuevo hace poco?

Ya había adicción a las consignas sanguinarias, a las procesiones, a las manifestaciones y contramanifestaciones. La víspera, el domingo 29, se había celebrado una enorme concentración socialdemócrata en el Lustgarten, en la explanada que da a los museos. Incluso las calles de acceso estaban abarrotadas. Según los organizadores habían asistido 800.000 personas. Coreaban «Berlín seguirá siendo roja» en respuesta al lema nazi «Berlín es nuestra». El jueves anterior había sido el turno de los comunistas, que se habían reunido frente a su Karl-Liebknecht Haus, en la Bülowplatz. Fue una respuesta a la provocación del domingo previo, cuando una comitiva nazi se había dirigido a la misma plaza. Se habían producido enfrentamientos, con muertos y heridos.

Esto también era habitual. «Berlín vivía una guerra civil. El odio estallaba de pronto, sin previo aviso, a partir de incidentes aparentemente insignificantes. En las esquinas, en restaurantes, cines, salas de baile, piscinas; a medianoche, a mediodía, por la tarde. Se sacaban los cuchillos de repente: se golpeaban entre ellos, a puñetazos, con jarras de cerveza, con las patas de las sillas, con garrotes de plomo. Las balas rasgaban los anuncios de las columnas publicitarias, rebotaban en las cubiertas de hierro de los urinarios.» La violencia estaba a la orden del día. De hecho, esa es precisamente la imagen que tenemos de la República de Weimar. Gracias a textos como este de Christopher Isherwood. Soy suficientemente mayor para haber vivido momentos que «se parecían» a esta vertiente del 33: el 68, los años de plomo, la estrategia de la tensión, los golpes de Estado militares para restablecer el orden: Chile 1973, Turquía 1980. Momentos que siguen dándose, pero no donde vivimos, no cerca de nosotros, no ahora. Al menos eso creía yo hasta que empecé a ver, sábado tras sábado, los altercados con los «chalecos amarillos» en Francia.

«HITLER NO ES MUSSOLINI, ALEMANIA NO ES ITALIA»

Cogió por sorpresa a casi todo el mundo. No se esperaban el nombramiento de Hitler. Los periódicos del primero de enero de 1933, es decir, de pocas semanas antes, destilaban confianza, un optimismo fatal. «Ha sido repelido el potente asalto nazi al Estado democrático», anunciaba en Fin de Año el *Frankfurter Zeitung*. «La República está a salvo», pregonaba el *Vossische Zeitung*, el diario más respetado de la ciudad. El católico *Kölnische Zeitung* destacaba que la mayoría ya estaba convencida de que Hitler no lograría alcanzar el poder. «Ascenso y caída de Hitler», titulaba el editorial de *Vorwärts*, el medio del Partido Socialdemócrata. «¿Hitler, qué Hitler?», bromeaba un artículo del *Berliner Tageblatt* sobre lo que los abuelos del mañana dirían a sus nietos.

En la izquierda, cada cual seguía con lo suyo. Los comunistas se metían con los socialdemócratas, y los socialdemócratas, con los comunistas. Discutían entre ellos y con los propios compañeros de partido. No había forma de que sacaran adelante una iniciativa común. Estaban de acuerdo en muy contadas cosas: en que un Gobierno de Hitler duraría tan poco tiempo como los gobiernos anteriores. Y respecto a los dos firmantes del pacto de Gobierno, ambos consideraban al «reaccionario» Hugenberg muchísimo más peligroso, con diferencia, que el populista Hitler.

«EL CARNAVAL DURARÁ POCO»

En la reunión de la dirigencia socialdemócrata convocada para el día 31, el portavoz del grupo parlamentario en el Reichstag, Rudolf Breitscheid, sostuvo que el objetivo del nuevo apaño entre «reaccionarios» y nazis no era un régimen fascista, sino una «dictadura del capital». Y que en cualquier caso, antes de conseguirlo, los firmantes «se despellejarían como saqueadores que se reparten el botín». Incluso a mediados de marzo, cuando ya resultaba obvio hacia dónde se encaminaban, el anciano y respetado Kautsky se mostraba convencido de que el carnaval de los «imbéciles ignorantes que solo saben disfrazarse de caballeros nórdicos» llegaría a su fin y que a Hitler pronto lo abandonarían sus partidarios, al darse cuenta de que ni sería capaz de mantener sus promesas demagógicas ni tenía intención de hacerlo.

«¡Alemania no es Italia, Berlín no es Roma, Hitler no es Mussolini!», proclamaba *Vorwärts*, el periódico del partido. A modo de eco, el columnista Theodor Wolff señalaba en el prestigioso *Frankfurter Zeitung*: «Quien crea que alguien puede imponer un régimen dictatorial a la nación alemana está muy equivocado [...] la propia diversidad del pueblo alemán hace imprescindible la democracia». El teólogo de la Universidad de Bonn, Karl Barth, que se había afiliado al Partido Socialista en señal de protesta contra la derecha, también se equivocaba de medio a medio: «Alemania es demasiado apática, no tiene el *élan vital*, el dinamismo necesario para instaurar un régimen como el de Mussolini». Incluso la Organización Central de Judíos Alemanes emitió un comunicado declarando que, aunque obviamente desconfiaban de Hitler, estaban seguros de que «nadie se atreverá a tocar nuestros derechos constitucionales».

N'importe quoi, como dicen los franceses. Una infinita antología de bobadas de gente seria, sabia, experta. Es de suponer que sabían lo que hacían. En cambio, cuanto más prestigiosos eran, menos acertaban. Resultaría divertido leer las intervenciones de los máximos dirigentes del Partido Socialdemócrata, si muchos de los que estaban convencidos de que Hitler sería un fenómeno pasajero luego no lo hubieran pagado trágicamente, en persona, en las cámaras de tortura, en los campos de concentración donde fueron recluidos «para su propia protección», perseguidos en Alemania y en el exilio, asesinados tras ser entregados a la Gestapo por el Gobierno de Vichy. En todo caso, la respuesta del Partido Comunista al nombramiento de Hitler fue demoledora: «Atraco descarado a los salarios, terror sin límites por parte de la peste parda asesina, ataque a los últimos derechos de las clases trabajadoras, carrera hacia la guerra imperialista: esto es lo que nos depara el futuro inmediato». Dogmático pero profético, podríamos decir.

A QUIÉN LE IMPORTA QUE CIERREN LOS DOMINGOS

Por lo demás, la vida en Berlín sigue como antes. La gente va al cine, llena las cervecerías, los restaurantes con música en directo, los locales gais, los cabarets. Bailan, flirtean, se divierten. El sindicalista norteamericano Abraham Plotkin, enviado a Alemania para averiguar qué estaba ocurriendo, no se pierde ni una manifestación. Asiste incluso a las de los nazis. Quiere escuchar al otro bando. Intenta entablar una conversación con una mujer: «No hablo con judíos», lo corta ella, molesta. Plotkin no posee rasgos que sugieran que es judío. Emigró con su familia a Estados Unidos con solo ocho años, en 1901. Habla perfectamente alemán pero, como nació en Ucrania, tiene una entonación *yiddish*.

Sin embargo, su apunte del 28 de enero, dos días antes del nombramiento de Hitler, trata de otro asunto. Dado que es Carnaval, «la temporada de bailes de máscaras está en pleno apogeo». Lo llevan a un local que le recuerda al Jazz Palace de Broadway: tres salas enormes con una orquesta en cada una. Beben tres botellas de vino entre seis, se van a las tres de la madrugada, el baile sigue hasta las cinco. Al día siguiente, la cita es en la manifestación del Lustgarten, donde desfilan las milicias socialdemócratas, sindicales y católicas. Visten uniformes parecidos a los de los nazis, con el estandarte rojo, negro y dorado de la Reichsbanner.

También resulta curiosa la anotación del 22 de diciembre. Comenta que Berlín está en efervescencia por la campaña navideña. Todo marcha a las mil maravillas. Las tiendas de la Kurfürstendamm nunca habían estado tan concurridas. Por primera vez los comerciantes habían pedido permiso a las autoridades para abrir los domingos. Y los comunistas habían convocado manifestaciones para protestar por esta medida. «La lógica de esto se me escapa. Igual soy tonto, pero no veo qué ventaja les puede traer.»

«LA SITUACIÓN POLÍTICA EN BERLÍN ES MUY ABURRIDA»

Resulta pasmosa la sensación generalizada de normalidad, como si lo que estaba ocurriendo fuera algo cotidiano. Klaus Mann, el atormentado hijo de Thomas, había estrenado el año asistiendo a la Gran Gala de inauguración del cabaret Pfeffermühle («molinillo de pimienta»), de su hermana Erika. La noticia de que Hitler era canciller le llegó cuando regresaba de una escapada de esquí. «Horror. No me parecía posible», anota en su diario. Luego, unos días después: «El Mago [así llamaban en la familia a Thomas Mann], más tranquilo de lo esperado respecto a la cuestión de Hitler [aunque] le inquieta descuidar sus conferencias sobre Wagner».

Los prodigiosos «chicos de Oxford», Wystan H. Auden, Christopher Isherwood y Stephen Spender, se cuentan entre los observadores más atentos y sensibles de lo que ocurre en Berlín en esos momentos. *Adiós a Berlín* y *El señor Norris cambia de tren* son un auténtico filón. «La situación política es muy aburrida», escribió Isherwood a mediados de enero desde Berlín a su amigo Spender, de vuelta en Londres. «Sí, imagino que pasan muchas cosas entre bastidores, pero uno no siempre se da cuenta. Papen visita a Hindenburg, Hitler visita a Papen, Hitler y Papen visitan a Schleicher, Hugenberg visita a Hindenburg y descubre que está fuera de juego. Y así sucesivamente. Ya no se ve esa conciencia de crisis, ligeramente estimulante, en los gestos de los mendigos y los conductores de tranvía.» Poco después, cuando Hitler toma el poder, pone al día a su amigo: «Tenemos un Gobierno nuevo con Charlie Chaplin y Papá Noel». Y algo más tarde anota: «Hitler ha formado Gobierno con Hugenberg. Nadie cree que lleguen a primavera».

La prensa internacional también tendía a restarle importancia al asunto. Abochornados por no haber previsto el nombramiento de Hitler, o por haberlo incluso descartado, se mostraban prudentes ante el giro de los acontecimientos. El diario estadounidense *The Nation* había considerado a Hitler como la expresión «teatral» de una protesta popular generalizada: «No hay queja que no recoja, no hay deseo que no prometa cumplir». Lo habían votado porque de cualquier forma «las cosas no podrían ir peor». La revista *Time* tiraba balones fuera y afirmaba que era difícil prever qué haría el Gobierno de Hitler. Había prometido un poco de todo a unos y otros, así que le costaría mantener su palabra; de hecho, tenía una buena excusa para no hacer nada de lo que había asegurado. «Ha adquirido tantos compromisos que es como si no hubiera adquirido ninguno.» El *New York Times* tranquilizaba a sus lectores afirmando que en Alemania «todo sigue como antes». Habría seguido minimizándolo durante largo tiempo. Hubo incluso quien conjeturaba que los propietarios del diario, Adolph Ochs y su yerno, Arthur Sulzberger, ambos judíos, temían suscitar reacciones antisemitas si su medio parecía menos objetivo sobre Hitler que el resto. La mayor parte de los analistas, tanto en Alemania como en el extranjero, estaban convencidos de que era Von Papen quien había engatusado a Hitler, y no a la inversa. Todos daban por sentado que era Hugenberg, y no Hitler, quien movía los hilos en el Gobierno.

CUANTO MÁS LISTOS, MÁS METEN LA PATA

Los observadores extranjeros no son los únicos que no comprenden lo que sucede. Tampoco los propios protagonistas lo hacen. La noche del 13 de enero, el canciller en funciones, el general Kurt Schleicher, invita a algunos periodistas a una cena informal. Estos, evidentemente, le inquieren sobre los nazis. Con una sonrisa y gesto despreocupado, él afirma: «Ya me encargaré de ellos. Pronto comerán de mi mano». Le preguntan si es posible que

Hitler sea canciller. «¡Nunca jamás! Aparte, en lo más hondo de su alma, el propio Hitler no quiere para nada el cargo.» El lector italiano comprenderá por qué pegué un respingo cuando, pocos días antes de que Luigi Di Maio y Salvini cerraran las negociaciones para el nuevo ejecutivo tras las elecciones generales de 2018, oí a Matteo Renzi asegurar que ese Gobierno nunca se formaría, porque ya habían cambiado de idea, porque «en lo más hondo de su alma» no les apetecía asumir la responsabilidad de gobernar.

Cuanto más listos, peor. El más listo, ambicioso y brillante de todos era sin duda Von Papen. «Meteremos a Hitler en una jaula», le aseguró al recalcitrante Düsterberg en un intento de convencerlo de que se uniera al Gobierno. «¿Hitler? Lo tenemos en nómina», se jactó ante otro interlocutor. «Pero ¿qué quiere? Cuento con la confianza del presidente Hindenburg. Dentro de dos meses habremos arrinconado tanto a Hitler que romperá a llorar», fueron las famosas últimas palabras de Von Papen en respuesta a las objeciones de Von Kleist-Schmenzin, aristócrata y compañero de partido que, acusado de participar en el complot de Satuffenberg, sería decapitado en 1945, justo un mes antes de la rendición de Alemania.

2
ANALOGÍAS Y SUPERSTICIÓN
Breve nota sobre el porqué de este libro

Llegados a este punto le debo al lector una explicación del porqué de este libro. De un tiempo a esta parte casi no pasa un día sin que las noticias me produzcan una desagradable sensación de *déjà vu*. Leo la prensa, veo los telediarios, zapeo entre tertulias, escucho lo que dice la gente en los bares o en el autobús y me da la impresión de que todo esto ya lo he leído, ya lo he visto, ya lo he oído antes. Solo que en otro momento y en otro lugar.

No estoy seguro de que se trate de una alteración patológica. Ni de ser el único que la sufre. La percepción de haber vivido previamente situaciones del presente es un síndrome bastante extendido. De acuerdo a estudios recientes, dos de cada tres personas experimentan algún tipo de *déjà vu* o *déjà vécu*, «ya vivido» En determinadas circunstancias, imaginar que uno ya ha pasado por algo resulta tranquilizador. Pero en otras provoca ansiedad. Quizá no sea una obsesión individual, sino algo propio de nuestra especie. También podría tratarse de uno de esos mecanismos de defensa de los que dispone la mente humana. Tal vez un día se identifique en nuestro ADN el gen responsable de ello. En cualquier caso, constituye un fenómeno muy complejo que todavía no se acaba de entender. Los especialistas no se ponen de acuerdo y llegan a conclusiones dispares. Un neuropsiquiatra norteamericano contabilizó un total de setenta y dos explicaciones «científicas», veintidós de ellas propuestas en las tres últimas décadas.

Incluso suponiendo que se repita, lo cierto es que la historia nunca se repite de la misma forma. Entonces, ¿por qué revisar cómo hace más de noventa años Alemania se precipitó en el Tercer Reich sin apenas advertirlo, con despreocupación, distraídamente, en muchos casos con ilusión, incluso con cierta alegría? ¿Por qué reabrir un *cold case*, un expediente archivado y enterrado, una historia con sentencia en firme?

Nos la han contado muchas veces. De todas las maneras. Pero no por eso esta historia resulta conocida. Buscando en internet me topé con un fragmento de un viejo concurso de televisión, *L'Eredità*. Pregunta: ¿en qué año nombraron canciller a Adolf Hitler? Pueden escoger entre cuatro opciones: 1933, 1948, 1964 y 1974. La primera concursante responde 1948. El segundo, vacilante: 1964. La tercera, con gran seguridad: 1974. Queda una sola opción y es imposible equivocarse, de modo que la cuarta dice 1933, eso sí, con una sonrisa incómoda y tono dubitativo, como disculpándose por dar una respuesta absurda. Con la pregunta siguiente las cosas no van mejor: ¿en qué año se encontró el poeta Ezra Pound con Mussolini en el Palacio Chigi? La opción correcta vuelve a ser 1933, y todos los concursantes se equivocan de nuevo. No bromeo, se puede comprobar en YouTube. Los concursantes no son «plebe», son chicos normales y pulcros. Visten con sobriedad y elegancia. Se nota que tienen estudios, tal vez universitarios. Parecen jóvenes preparados que leen, van al cine y ven la televisión, de lo contrario no participarían en el concurso. Probablemente aprobaron el examen de Historia de la Selectividad (por entonces a nadie se le había ocurrido eliminarla del currículo, como ocurrió en Italia).

Había empezado a desenterrar ese pasado por superstición, para conjurar temores que consideraba irracionales. Y, sin embargo, al releer cómo terminó la democracia más dinámica y avanzada de la Europa de esa época, me topé con pistas inesperadas, datos que ignoraba o que había pasado por alto, similitudes y analogías a las que no había prestado atención. En medicina, el término «síndrome» designa a un conjunto de síntomas y señales que constituyen las causas concomitantes de una enfermedad o un proceso degenerativo. Nuestro mundo es muy diferente del de 1933. Pero comparte con él algunos síntomas, señales, procesos y actitudes que, aunque lejos de ser idénticos, tienen un aire de familia. Cuanto más indagaba, más reconocía a la víctima, la República de Weimar. Lo mismo me ocurría con sus asesinos. Y también había algo familiar en el *modus operandi*.

Creemos conocerlo todo sobre el desenlace. También creemos tener una idea de cómo se llegó hasta ahí: la gran crisis que siguió al crac del 29, la «guerra civil» entre comunistas y fascistas que desgarraba Europa, la violencia, la intimidación. Asusta descubrir que, al contrario de lo que imaginábamos, los sucesos se desarrollaron de manera banal, en un ambiente no muy diferente de la prosaica normalidad actual: a través de una interminable serie de elecciones, culminada en 1933.

Las crisis siempre se producen a cámara lenta. Pueden durar años. Las catástrofes siempre llegan de golpe, nos cogen desprevenidos. Ese 1933 todo sucedió deprisa, a un ritmo vertiginoso. En menos de un mes auparon a

Hitler al poder, entre maniobras, intrigas, idas y venidas, señales y mensajes cifrados entre los protagonistas. Durante otro mes se celebraron nuevas elecciones y luego, como seguía sin haber una mayoría, se eliminó a la oposición con una ráfaga de decretos. Pocas semanas más duró la resistencia del Parlamento a darle a Hitler, con los necesarios dos tercios de los votos, plenos poderes, hurtando así toda capacidad de decisión a los diputados que habían avalado dicha medida.

Esta historia se cuenta aquí de una forma algo distinta de lo habitual. No hay nada inventado. No es ficción. Aunque no habría nada de malo en que lo fuera. Ya en los años veinte del siglo pasado la literatura (de Joseph Roth a Döblin, de Fallada a Tucholsky) explicó lo que ocurría mejor y con mayor profundidad que los académicos. No se pretende sustituir las innumerables investigaciones históricas publicadas, que se han tenido en cuenta, incluidas las más recientes. *Nullum est iam dictum, quod non dictum sit prius*: no se dice nada que no haya sido dicho, o publicado, me atrevo a añadir a Terencio. Este libro ofrece una selección sesgada, parcial: entre todos los hechos y temas, privilegia aquellos que pueden recordarle al lector acontecimientos, crónicas y polémicas contemporáneas. Las personas y los hechos retratados son completamente verdaderos, parafraseando la advertencia de las películas antiguas. Cualquier parecido con la actualidad es puramente intencionado. Personajes, dichos y sucesos del pasado evocan deliberadamente a personas, fórmulas y hechos de nuestra época. Aun así, que no se moleste el lector en buscar correspondencias precisas, unívocas, especulares entre tal o cual individuo de entonces y uno de hoy. Quizá haya quien se reconozca en palabras, acciones y omisiones del pasado. Le permito ofenderse, pero no ilusionarse: aquellos villanos son inigualables y pretender proyectarse en ellos equivale a hacer el ridículo.

Al menos, eso espero. No dejo de repetirme que la de 1933 es otra historia, una pesadilla de la que desde entonces nos hemos esforzado por despertar. Parecía que lo habíamos conseguido. Intento esperanzarme con el reconfortante aforismo, popularizado por Marx, de que la historia siempre se repite dos veces: la primera, como tragedia; la segunda, como farsa. Pero ¿y si no ocurriera así? ¿Y si se invirtiera el orden, se comenzara por la comedia y se acabara con la catástrofe, o en ambos casos se produjera como tragedia? (Esto es habitual, incluso el resultado más probable: sucedió con la Primera Guerra Mundial, pues solo dos décadas después estalló la Segunda.) Las pesadillas de ayer dan coletazos hacia el futuro. ¿Y si, de repente, una pesadilla de la que habíamos despertado hace tiempo, que apenas recordábamos, arremetiera mortalmente contra nosotros?

Desde luego, no estamos en 1933. Ni en 1929. Escribo estas líneas antes de la crisis de la Covid-19, de la guerra de Ucrania y del desastre de Gaza, cuando no ha habido ninguna catástrofe económica mundial. A pesar de los proteccionismos y los egoísmos nacionales, empeñados en tensar la cuerda. No se vislumbran en el horizonte ni guerras mundiales ni exterminios colectivos. Pero, francamente, también parecían inconcebibles en la Europa de los años treinta, del mismo modo que en la *belle époque* nada hacía presagiar la Gran Carnicería de 1914-1918. Aunque Europa está en crisis, no podemos afirmar que se rehúyan la libertad y la democracia. Ni siquiera en el ecosistema de Donald Trump.

Abundan los líderes indeseables aupados al poder por el voto popular. Creer que podemos exorcizarlos comparándolos con el Duce o el Führer es absurdo. No me gusta el recurso que el conservador Leo Strauss bautizó como *reductio ad hitlerum*. Además de falaz desde un punto de vista lógico e histórico, es contraproducente. Lo que no mata engorda, reza el refrán. Sin olvidar que, si gritamos «¡que viene el lobo!» demasiado a menudo, corremos el riesgo de que nadie preste atención cuando aparezca. No temo a los cuatro imbéciles que glorifican el pasado fascista o el nazi, pero sí un poco a aquellos que fingen no saber lo que dicen ni lo que hacen, los del «No me refería a...», «¿Fascista yo?». Lo que me preocupa es esa especie de compulsión de repetición involuntaria, la reaparición de dinámicas y mecanismos que condujeron a la Alemania de Weimar, y con ella a toda Europa, hacia el desastre.

Me asusta un presente que imita al pasado ciegamente, sin querer, quizá sin darse cuenta. Por eso me he dedicado a buscar analogías. No como instrumento de polémica o de propaganda, sino como herramienta de comprensión. Por definición, las analogías son imperfectas y en algunos casos superficiales. A veces conducen a equívocos. Y sin embargo no podemos prescindir de ellas: la mente humana funciona por analogías. Sin ellas nuestra especie no sobreviviría. Han posibilitado el progreso de la lógica y de la ciencia. Siempre se han revelado como una herramienta muy potente para comprender y para discernir a fin de constatar, por ejemplo, que no todos los gatos son pardos.

3
EUROPA, REPITA 33

Simenon ejerce de reportero en una Europa al borde del ataque de nervios, envilecida, cansada de democracia y libertad, temerosa de una invasión de refugiados. Se encuentra con Hitler en el ascensor del Kaiserhof. Su periódico publica la foto de un asesino en serie con bigote que se parece al nuevo canciller. Alemania, obsesionada con los crímenes de trasfondo sexual, hace realidad el «sueño colectivo de la humanidad».

A principios de 1933, Georges Simenon, que acaba de publicar las dos primeras novelas protagonizadas por el comisario Maigret, emprende un largo viaje por la Europa en crisis. Lo relatará en una serie de reportajes para *Voilà*, el semanario ilustrado fundado por Gaston Gallimard. La serie se titula «Europa 33». «Europa está enferma. El médico se inclina, acerca el oído al corazón del paciente: "Repita 33". Y el paciente repite: 33, 33, 33… El rostro del médico trasluce preocupación.»

Comienza el viaje en su Bélgica nevada, en cuyo Parlamento se discute sobre «cómo realizar un control eficaz de las fronteras, en relación con Francia, con la que comparte el problema». En Bruselas, «la gente se había echado a la calle el año anterior. Descontentos, extremistas, comunistas...». Simenon les comenta a sus interlocutores belgas que en París hay manifestaciones contra la subida de impuestos. «Vosotros los franceses, siempre perdidos en discusiones inútiles», le responden.

Sin novedad en el frente oriental. Varsovia también está nevada. Los polacos son unos exagerados, unos fanáticos. Simenon intenta conducir una discusión hacia «los equilibrios de Europa en 1933», y el interlocutor, impertérrito, le cuenta por enésima vez, «mientras vacía el décimo vaso de vodka», las desgracias sufridas bajo la ocupación rusa. En Polonia no solo se la tienen jurada a los rusos y a los alemanes: también al resto de Europa, que no comprende cuánto han padecido. «¡Lo entenderían si hubieran soportado ciento cincuenta años de esclavitud!»

El viaje lo llevará asimismo a Alemania, los países nórdicos, Austria, Checoslovaquia, Hungría, Rumanía... Un empacho de países del Pacto de Visegrado, podríamos decir. Después cruzó el Mar Negro hacia Ucrania, Rusia, a Batumi (donde recabará material para *Los vecinos de enfrente*), y finalmente a Turquía, a Estambul y Ankara (que le proporcionarán ideas para *Los clientes del Avrenos*). Desde el puente de Gálata en Constantinopla (hace unos años que la ciudad ha adoptado su nombre turco, *Istanbul*, pero Simenon sigue llamándola así en el reportaje) toma un ferri para ir a entrevistarse con Trotski, exiliado en la pequeña isla de Prinkipos.

Conversan sobre Hitler, fascismos, dictaduras y democracias en Europa. Trotski considera inevitable que las cosas vayan de mal en peor. Para explicárselo al entrevistador recurre a una imagen mecanicista: «Por analogía con la electrotecnia, se podría definir la democracia como un sistema de interruptores y aisladores para resistir los picos de tensión en los conflictos nacionales o sociales [...] Si las tensiones y los conflictos de clase son excesivos, los interruptores y los fusibles se funden, se desintegran. [...] El cortocircuito conduce a la dictadura».

Cuando le pregunta si cree que va a haber una evolución gradual o es más probable que se produzca una conmoción violenta, la respuesta dista mucho de la ofrecida por la mayor parte de los analistas —tanto alemanes como del resto del mundo— tras el ascenso de Hitler: «El fascismo, en particular el fascismo alemán, implica un indiscutible peligro de guerra en Europa. Puede que me equivoque, ahora estoy muy aislado de todo, pero me temo que no somos conscientes de la magnitud de esta amenaza. Con una perspectiva no de meses, sino de años —en ningún caso de décadas—, considero absolutamente inevitable que la Alemania fascista provoque un estallido bélico». Afirma esto en 1933. Casi una profecía. La invasión de Polonia desencadenaría la guerra contra Francia e Inglaterra en septiembre de 1939, y la Operación Barbarroja, contra la Unión Soviética, se lanzaría en junio de 1941.

La Europa surgida de la Gran Guerra constaba de veintiocho Estados independientes. Más o menos los que conforman la actual Unión Europea. Con problemas, recriminaciones, fracturas políticas y étnicas en su seno, divisiones en bloques opuestos parecidos a los de hoy. Especialmente en el Este. Muchos eran Estados de nuevo cuño, nacidos del hundimiento de los odiados imperios autocráticos y multinacionales (que reprimían brutalmente los nacionalismos pero consentían e incluso imponían la convivencia entre naciones, etnias y religiones). Ya en 1920, veintiséis de los veintiocho Estados tenían parlamentos elegidos democráticamente, una gran pluralidad de partidos y gobiernos constitucionales, y el almirante Horthy había reemplazado la fallida «dictadura del proletariado» de Béla Kun, aun respetando el Parlamento y la Constitución. Desde luego, la Unión Soviética nacida de la Revolución de Lenin no era una democracia parlamentaria. En 1922 se había producido la Marcha sobre Roma de Benito Mussolini. El mariscal Pilsudski se había adueñado de Polonia. En 1932, Austria había caído en manos de la extrema derecha de Dollfuss. También habían derivado en sistemas autoritarios, uno tras otro, los pequeños países bálticos: Lituania con Smetona en 1926, Letonia y Estonia en 1934 con Ulmanis y Päts respectivamente. En los Balcanes, Ahmet Zogu se había autoproclamado rey Zog I de Albania en 1928, y un año después había tomado el control de Yugoslavia el rey Alejandro; en Bulgaria, el rey Boris asumiría plenos poderes en 1934, y en Rumanía el rey Carol prescindiría del Parlamento a partir de 1938. A su vez, desde 1936 la Grecia de Metaxas se articularía a imitación del régimen nazi. En España, Primo de Rivera había ejercido su dictadura personal de 1923 a 1930 (seguida por la de Francisco Franco tras la breve y trágica experiencia de la Segunda República). En Portugal, la dictadura de António Salazar duraría desde 1932 hasta la Revolución de los Claveles, de 1974. Así, en 1938 quedaba apenas una docena democracias europeas, todas amenazadas por estallidos de populismo fomentados en parte por una especie de «internacional ultranacionalista». Francia y la propia Inglaterra estuvieron en un tris de sucumbir, sacudidas por movimientos antisistema, antisemitas y antiinmigración, anticapitalistas y anticorrupción, o incluso abiertamente filofascistas, que atraían la simpatía, la militancia y el apoyo electoral tanto de la derecha como de la izquierda. Francia se libró gracias al vuelco de las elecciones de 1936, que llevaron al poder al Frente Popular. Inglaterra, gracias a que Eduardo VIII, simpatizante de Hitler, se vio obligado a abdicar por su desaprobado matrimonio con la norteamericana Wallis Simpson, divorciada dos veces. En Estados Unidos evitaron por los pelos tener un presidente tipo Trump. En 1932 fue elegido el demócrata Franklin Delano Roosevelt.

EN EL ASCENSOR CON HITLER

En Berlín, Simenon se encuentra a Hitler en un ascensor del Kaiserhof. «Lo vi, al Mesías, unos diez días antes de las elecciones, mientras subía a su piso. Nos alojábamos en el mismo hotel [...] Nevaba. Era un día gris...» No puede entrevistarlo, sus guardaespaldas mantienen alejados a los curiosos. O quizá ni siquiera coincide con él. No nos pondremos quisquillosos: es un gran escritor y a los grandes escritores se les permite inventar. Pero también es periodista. Recoge los rumores: «Una noche [los nazis] se reunieron en un gran consejo y decidieron que antes de las elecciones necesitaban una excusa para amordazar a los comunistas. Hitler propuso que fingieran un atentado contra él para galvanizar a sus tropas. Goebbels lo disuadió, diciendo que con un falso atentado corrían el riesgo de que a alguien se le ocurriera organizar uno real. De modo que optaron por el Reichstag». Un poco novelesco, pero tal vez no muy alejado de la verdad. Le sigue el típico desahogo de periodista contra su propio medio: «Faltaba una semana para los comicios, que debían celebrarse el sábado. Telegrafié la noticia a París para el diario vespertino. No se atrevieron a publicarla».

Los titulares de los periódicos europeos («Miseria en Alemania», «Terror en Alemania») indignan a Simenon. Quizá la tiene tomada con Mac Orlan, el autor de *El muelle de las brumas*, la novela que Marcel Carné llevó al cine con el mismo título. Orlan había publicado en *Paris-Soir* reportajes sobre la pobreza en Berlín reunidos posteriormente en un libro ilustrado por Grosz. Desde luego, no previó el terror absoluto que los escuadrones nazis, alistados en masa en la Policía del Reich, ejercerían poco después contra comunistas, judíos y todos los demás adversarios, incluidos sus socios de Gobierno. No era el único: en esos días, también una militante obrera como Simone Weil escribió a sus padres que Berlín era la ciudad más tranquila del mundo, que se hallaba en compás de espera.

Simenon se burla de los editoriales que aseguran que «es imposible que se imponga el partido de la violencia», de las contradictorias interpretaciones del fenómeno Hitler: «¡Es el hombre de paja de Papen!», «¡Es el hombre de paja del Príncipe de la Corona!», «¡Es el hombre de paja de Hugenberg!», «¡Es un fantoche!», «¡Es el nuevo Siegfried!».

Se aventura a ofrecer una explicación: «¿El Gobierno? ¿El socialismo? ¿El bolchevismo? ¿La política internacional?» Qué va. El mito de Hitler se alimenta de la depravación sexual. «Apresan por la calle a chicos y chicas de dieciséis o diecisiete años para organizar orgías. Un chico fue asesinado por su hermano en un ataque de celos. El carnicero Haarmann descuartizaba a sus pequeñas víctimas después de violarlas. Y luego está el maníaco sexual de Düsseldorf...».

Se refiere a Fritz Haarmann, también llamado el «vampiro de Hannover», una conocidísima figura del mundo del crimen. Atraía a niños sin hogar en los alrededores de las estaciones de tren. Los mataba mordiéndoles la garganta en el frenesí del acto sexual. Luego los mutilaba. Durante el juicio, que el público siguió con morbosa atención a los detalles, se extendió el rumor de que había vendido la carne de sus víctimas en el mercado negro, haciéndola pasar por carne de cerdo. Esto nunca se demostró, igual que nunca se pudo determinar si las víctimas habían sido veinticuatro, veintisiete o un número mayor aún. Había sido ejecutado en 1925, pero todavía se hablaba de él. Más reciente era el caso de Peter Kürten, que prefería violar y asesinar a niñas preadolescentes. Las forzaba, las degollaba con un cuchillo o unas tijeras y luego se bebía su sangre. Se le atribuyeron más de treinta asesinatos cometidos entre 1929 y 1930. Al parecer, fue él mismo quien puso a la Policía tras su pista, como suele ocurrir en la serie *Mentes criminales*. Fue arrestado en mayo de 1930 y decapitado en julio de 1931 después de un juicio con abundante morbo. Entre la detención y la ejecución de Kürten se celebraron las elecciones al Reichstag de 1930, en las que el partido de Hitler triunfó por primera vez.

Volvamos al reportaje de Simenon. «¿Qué estaba diciendo? Ah, sí. Las orgías, el nudismo, la usura, el freudismo, los chiquillos y las chiquillas, la locura y el frenesí, la heroína, la cocaína, y quién sabe qué más... Pues bien, unas cuantas decenas de miles de alemanes creen que todo esto se ha acabado, que han recuperado el equilibrio [...] Hitler los ha encarrilado.» Simenon omite un dato: que, para los nazis, el libertino, el maníaco sexual, el asesino en serie, el pervertido, el corruptor de menores es, por definición, el judío. «Pensad en Berlín, observad la Friedrichstrasse. Allí veréis pasar a un chico judío tras otro agarrado a una joven alemana. Y recordad que, cada noche, miles y miles de hermanas de nuestra sangre se contaminan, se pierden en un instante, y con ellas perdemos también a nuestros hijos y nuestros nietos...» ¿Quién dijo eso? ¿Quién es este demente? Lo han adivinado: nada menos que Hitler, en el discurso pronunciado con motivo de la refundación del Partido Nacionalsocialista Obrero Alemán el 25 de febrero de 1925, ocho años antes de que lo nombraran canciller.

Los artículos de Simenon sobre Alemania iban ilustrados con fotografías. Una de ellas mostraba un hombre con bigotito hitleriano. «No es Hitler, pero se le parece. Se trata de Kürten, el vampiro de Düsseldorf», a saber, «un psicópata, un asesino en serie que ha matado a muchas mujeres y bebido su sangre», rezaba el pie de foto. ¿Análisis político? ¿Una especie de profecía de los horrores futuros? ¿O una simple observación de la extraña fascinación que sentía la Alemania de entonces por los crímenes truculentos, y en especial por los cometidos contra mujeres?

La Inglaterra victoriana creó a Jack el Destripador. En París seguían la senda de Sade y Lautréamont. Sin embargo, fueron los alemanes quienes se aplicaron con mayor empeño al *Lustmord*, al crimen sexual. *Mörder, Hoffnung der Frauen* («El asesino, la esperanza de las mujeres») es el título del drama en un acto que Oskar Kokoschka escribió todavía en la *belle époque*. Podría servir de leyenda para muchas de sus pinturas. Por su parte, en sus elegantes *Paseantes* y sus desnudos en prostíbulos del Berlín anterior a la Gran Guerra, Kirchner retrata a jóvenes libres, desinhibidas y seguras de sí mismas. Saben muy bien lo que hacen y parecen llevar la voz cantante. No obstante, se sobreentiende que acabarán siendo víctimas, sacrificadas por la «modernidad».

Repletas de mujeres torturadas, destripadas, mutiladas, las obras de los expresionistas alemanes rezuman sangre. En las novelas-*collage* surrealistas de Marx Ernst abundan las figuras femeninas perforadas, maltratadas, torturadas por pesadillas con cabeza de pájaro. Los cuerpos femeninos martirizados y eviscerados también abundan en la obra de Otto Dix, que, en su *Asesino sexual: autorretrato*, de 1920, se muestra vestido de payaso, descuartizando a una mujer y esparciendo sus miembros. No es el único que se identifica con el asesino y no con la víctima. George Grosz pintó *Autorretrato con Eva Peter en el estudio del artista* en 1918. La modelo posa frente a un espejo y por detrás de este aparece el autor empuñando una afilada daga, a punto de atacarla. Es uno de los numerosos cuadros que Grosz dedica al *Frauenmörder*, al feminicidio. Él y la bella Eva se casarían poco después. Salvaron la vida zarpando hacia América a mediados de enero de 1933. *Autorretrato...* acabaría entre las obras tildadas de «arte degenerado» por los nazis y se perdió: solo se conserva una fotografía en blanco y negro.

El tema también atraviesa obsesivamente la literatura y el cine. La Lulú concebida por Wedekind a finales del siglo XIX e interpretada por Louise Brooks en *La caja de Pandora*, dirigida por Pabst en 1929, termina despedazada por un maníaco con el que está a punto de prostituirse. De 1931 es *M, el vampiro de Düsseldorf*, de Fritz Lang, con un insuperable Peter Lorre en el papel del infanticida, al que buscan tanto la Policía como las bandas criminales del barrio, porque el Monstruo interfiere en sus negocios. Los delincuentes lo atrapan primero; será juzgado por un tribunal de ladrones, prostitutas y asesinos. En la misma época en que la novela policíaca americana creaba a los detectives estrictamente privados e irreductiblemente individualistas, la imaginación de Lang anticipaba la histeria colectiva, la delación en masa, la persecución de los judíos y de todos los señalados como monstruos por el régimen. «He visto la película *M* de Lang. ¡Fantástica! Contra la basura humanitaria. ¡A favor de la pena de muerte! Algún día Lang será uno de los nuestros», anotó Goebbels el 21 de mayo de 1931.

Más adelante Lang contó que en 1933, ya como ministro de Propaganda, Goebbels lo llamó para ofrecerle que dirigiera la industria cinematográfica alemana. Él objetó: «Pero ¡si soy judío!», a lo que Goebbels replicó: «¡No se haga el tonto, señor Lang! Aquí somos nosotros los que decidimos quién es judío y quién no». Y Lang salió disparado hacia la estación de tren para huir al exilio. Esto último es probablemente una invención posterior del gran director, que tenía imaginación para dar y tomar.

Uno de los personajes clave de *El hombre sin atributos*, de Musil, es el asesino Moosbrugger.

> Había asesinado a una mujer, una prostituta de bajísima estofa, de forma espantosa. Los cronistas habían descrito minuciosamente una herida en el cuello que iba de la garganta a la nuca, dos heridas en el pecho que atravesaban el corazón, dos en el lado derecho de la espalda y las incisiones en los senos, prácticamente amputados; expresaban, sí, toda su execración, pero no renunciaban a enumerar también las treinta y cinco cuchilladas en el vientre y el corte que se extendía desde el ombligo casi hasta la columna vertebral, mientras que el cuello mostraba signos de estrangulamiento.

«Si la humanidad pudiera soñar colectivamente, ese sueño sería Moosbrugger», reflexiona Ulrich, el protagonista, en la primera parte de la novela. Que, casualmente, vio la luz en 1933. Todavía no era posible saberlo, pero el sueño estaba haciéndose realidad.

UNO, CIEN, MIL DELITOS DE INMIGRANTES

Día sí y día también, la prensa —no solo los tabloides, también los periódicos «serios»— recogía sucesos horripilantes, de mujeres descuartizadas y despedazadas. Con sádica insistencia en los detalles. Era machacante, casi como un episodio del programa de investigación de crímenes y misterios *Chi l'ha visto?* que vemos en la televisión italiana, similar a aquel *Quién sabe dónde*, de la española. O como el incesante bombardeo mediático que provocó en nuestro país el caso de Pamela Mastropietro, la joven descuartizada por un traficante nigeriano en 2018. ¿Guarda esa morbosidad relación con el ascenso de Hitler? ¿Constituye un síntoma del miedo y la inseguridad colectiva y generalizada que reinaban en Alemania y que propiciaron el clamor por un «hombre fuerte»? Quizá ese horror con todo lujo de detalles que ofrecían las noticias fuera lo que buscaban los lectores, respondiera a los gustos y la demanda del público. De lo contrario no se explicaría que, desde los años veinte hasta el fin de la República de Weimar, los diarios berlineses (también, o especialmente, los de la esfera demócrata-liberal) cubrieran la crónica judicial mucho más que la política.

El interés era proporcional a la duración y la cobertura mediática de los procesos. En 1924, poco después de la condena de Haarmann, había sido arrestado en Münsterberg, en la Prusia oriental, otro asesino en serie, Karl Denke, que se suicidó en la cárcel. Mataba y despedazaba con un hacha a los vagabundos que llamaban a su puerta. Solo tras su muerte los investigadores se molestaron en registrar su casa. Allí descubrieron cientos de fragmentos de huesos, carne en salmuera y tarros de grasa, todos humanos. El asesino caníbal había registrado minuciosamente en un cuaderno el nombre de treinta y una de sus víctimas. Como no hubo juicio, mereció mucha menos atención que los casos Haarmann y Kürten. El influyente y prestigioso *Frankfurter Zeitung* sacó a colación la crisis económica, conjeturando que Denke había recurrido al canibalismo para sobrevivir porque lo había arruinado la inflación.

La actitud de la prensa variaba según la orientación política. El periódico comunista *Rote Fahne* («Bandera Roja») se pronunció en contra de la pena capital para el «vampiro» Haarmann argumentando que, en el fondo, el asesino solo había hecho a pequeña escala lo que «el Estado capitalista» ejecuta masivamente: masacrar a inocentes. No se trataba de una actitud aislada o extrema: entre los intelectuales de la época de Weimar resultaba habitual considerar a los criminales «víctimas de su entorno», «chivos expiatorios de una sociedad hipócrita». Hasta en los casos de asesinos, incluidos los asesinos en serie, las crónicas judiciales buscaban explicaciones sociales, atribuían los estallidos de furia homicida a «fatales concatenaciones de circunstancias» o a la guerra, la inflación y la injusticia. Prestaban atención a los traumas y las humillaciones que los acusados habían sufrido en la infancia y a lo largo de su turbulenta vida. Los psicoanalizaban.

Lo mismo ocurría en los periódicos de derechas. Daniel Siemens, un historiador alemán que ha revisado todas las crónicas judiciales aparecidas en la prensa berlinesa entre 1919 y 1933, señala que Alfred Karrasch, redactor del *Berliner Lokal-Anzeiger*, que formaba parte del imperio mediático de Hugenberg, siempre mostraba simpatía por los acusados, a excepción de los «comunistas». Nunca los llamaba delincuentes, sino «desahuciados», «desgraciados», «payasos trágicos» o «víctimas del destino». No era simpatizante de la izquierda, ni siquiera del ala moderada: en 1932 se afilió al Partido Nazi. Pero, al igual que sus colegas de los medios liberales, expresaba sentimientos de piedad y pedía clemencia para esos malhechores a quienes los periodistas parecían querer justificar o defender en cierto modo. Muchos los acusaron de posicionarse más a favor de los delincuentes que de sus víctimas, de las que hablaban poco o nada.

La reacción fue violenta. Hubo quien, como Ernst Jünger, tachó de «rayano en la perversidad» ese exceso de «humanidad» de los cronistas. Los diarios de derechas cargaban contra la «confusión moral», la laxitud, la condescendencia culpable hacia los criminales. Apelaban a la tolerancia cero, el puño de hierro. No era necesario que nadie reclamara la castración para los delitos sexuales: ya existía. En *El bebedor*, la novela autobiográfica póstuma de Hans Fallada, el protagonista comparte celda con un violador múltiple al que le habían ofrecido la libertad a cambio de la castración química. Él había aceptado, pero más tarde un cambio de parecer de los jueces lo mantiene entre rejas. En cambio, el objetivo declarado de los nazis era «el exterminio de los criminales profesionales», en palabras de Kurt Daluege, futuro comandante en jefe de la Policía del Reich. Del extermino de criminales al exterminio por razones raciales había apenas un paso. Entre otras cosas porque ambas categorías acabaron superponiéndose. Que todas las grandes firmas «bienhechoras», «humanitarias» de la crónica judicial tuvieran apellido judío se convirtió en un agravante.

4
JUDÍOS, ES DECIR, INMIGRANTES

Venían del Este. Huían de las guerras, las matanzas y la pobreza. En las fantasías alimentadas por la prensa eran ladrones, asesinos y violadores. Una de las primeras medidas del nuevo Gobierno fue un «Decreto de Inmigración» que impedía la llegada de más judíos. Los nazis no tenían reparos en pasar por «malos». De hecho, era importante para ellos. Sobre todo porque el odio a los inmigrantes iba de la mano del odio a las élites.

¿Quiénes eran los *Ost-Juden*, los judíos orientales? Según los describe Joseph Roth en *Judíos errantes*, publicado en 1927 por la editorial berlinesa Die Schmiede, son gente que desea «abandonar ese país donde cada año puede estallar una guerra y cada semana un pogromo»; personas que «emigran a pie, en tren o por mar a países occidentales donde los espera un nuevo gueto, quizá algo mejor pero no menos inhumano, preparado para acoger en sus tinieblas a los nuevos huéspedes que han escapado semivivos de las vejaciones de los campos de concentración». El judío llegado del Este es el eterno emigrante, el refugiado de todos los tiempos, incluido el nuestro. Es el eterno engañado, que «nada sabe de la injusticia de Occidente, nada del poder que ejercen los prejuicios sobre los modos, las acciones, las costumbres y las ideas del europeo occidental medio; nada de la angostura del horizonte occidental, circundado por centrales eléctricas y perforado por chimeneas... [que no sabe] nada del odio, ya tan fuerte que se lo protege celosamente como un arma de supervivencia (mientras arrebata la vida), como si fuera un fuego eterno al que se calienta el egoísmo de cada individuo y de cada país». «Para el judío oriental, Occidente es la libertad, la oportunidad de trabajar y de expresar el propio talento, es la justicia...» Pero no sabe lo que le espera.

El judío oriental «vive con el miedo encima», «solo tiene obligaciones y ningún derecho, salvo los que figuran en un pedazo de papel que, como ya se sabe, no garantiza nada», «los periódicos, los libros y los emigrantes optimistas le han hecho creer que Occidente sería un paraíso...». No siempre tiene un oficio. En su mayoría «recorren el mundo como mendigos y vendedores ambulantes». Como los manteros de hoy. Los desprecia todo el mundo. En especial los judíos que ya se han establecido y «se han convertido en judíos occidentales, o más bien en europeos occidentales».

Ni siquiera desean necesariamente quedarse en Alemania. En Berlín hay un barrio judío, pero es solo una «estación de tránsito». Allí recalan «emigrantes que quieren irse a América vía Hamburgo y Ámsterdam». O a París, donde, aunque no faltan los antisemitas «de l'Action Française», de la derecha xenófoba, al menos «pueden vivir como quieren» y sus hijos, si «han nacido en París, pueden obtener la ciudadanía francesa». «Entre los judíos orientales que residen en Berlín también hay delincuentes. Corredores de Bolsa, expertos en estafas matrimoniales, charlatanes, falsificadores de billetes, los que especulan con la inflación...» Independientemente del país al que haya emigrado, todo judío oriental está obsesionado con los documentos, y únicamente puede «liberarse del conflicto "papeles sí, papeles no" enfrentándose a la sociedad por medios ilegales. En la mayor parte de los casos, el delincuente judío-oriental ya era un delincuente en su tierra. Llega a Alemania sin documentos o con documentos falsos. No se presenta en comisaría».

¿Acaso no se siente cierto *déjà écouté* al leer a Roth? El judío es un extranjero, un inmigrado. Los migrantes son delincuentes. Por tanto, los judíos son delincuentes. Todos los judíos son criminales. Este silogismo condujo al exterminio. En la actualidad, basta con sustituir «judíos» por «migrantes ilegales», o simplemente «migrantes», indeseables por definición. Los extranjeros nos detestan. Los judíos (o los musulmanes, los mexicanos, cualesquiera que nos la tengan jurada en Europa o en el resto del mundo) son extranjeros. Por tanto, nos detestan. Los judíos (o migrantes) también son delincuentes, ladrones, peristas, proxenetas, seductores de inocentes jovencitas, portadores de enfermedades, camellos, saboteadores de la economía nacional, obsesos sexuales, asesinos y, por supuesto, terroristas.

EL «DECRETO DE INMIGRACIÓN»

Una de las primeras medidas del ministro del Interior del Gobierno de Hitler, Wilhelm Frick, fue cerrarles las puertas a los inmigrantes. Con «inmigrantes» se referían principalmente a los judíos. Habían llegado por millones a Alemania desde el Este, desde Rusia y Polonia. Habían huido en oleadas —primero de los pogromos zaristas, luego de la Gran Guerra y de la guerra civil rusa— y también continuamente, escapando del hambre de los *shtetl*, los pueblos-gueto. Habían entrado por tierra. Muchos ni siquiera deseaban quedarse, solo soñaban con zarpar hacia América o costas aún más lejanas. La ordenanza del Ministerio del Interior imponía a todos los *Länder*, en especial a los que seguían acogiendo a inmigrantes, lo siguiente: 1) prohibir toda entrada de judíos orientales; 2) expulsar a los judíos orientales que carecieran de permiso de residencia; 3) suspender la naturalización de los judíos orientales. Poco después se decidió retirarles la nacionalidad alemana a cuantos la habían obtenido entre el fin de la Primera Guerra Mundial y el 30 de enero de 1933.

La obsesión por la avalancha de refugiados e inmigrantes iba de la mano de la psicosis de que en cada esquina se ocultaba un asesino, un violador o un ladrón. La propaganda nazi la orientaba hacia un objetivo muy concreto: los judíos del Este, refugiados que, «extraños» a un conjunto de la nación por lo demás feliz y compacto, inoculaban en esta corrupción, libertinaje, delincuencia, terrorismo, infecciones, enfermedades. Un magnífico ejemplo de esta clase de propaganda es el documental *El judío eterno*, producido en 1940. Se servía de datos, tablas, animaciones, superposiciones de imágenes de emigrantes harapientos y ratas inmundas brotando de barcazas para ilustrar «científicamente» lo perniciosa que era la invasión de Europa por parte de una raza extranjera proveniente de Oriente Próximo. Se encuentra fácilmente en internet. A mí me provoca un *déjà vu*. Ver para creer. Sin embargo, le hablaban a un público ya convencido: debe existir una fuerte predisposición, un prejuicio enraizado, para despertar un apoyo tan amplio y entusiasta al odio contra los diferentes.

Resultaba evidente que no se limitarían a cerrar puertos y fronteras a los indeseables. También era necesario desembarazarse de los que ya habían entrado, que quizá llevaban generaciones acechando. Hasta 1933, más del 80 por ciento de los judíos que vivían en Alemania poseían la nacionalidad. Se sentían alemanes de pleno derecho y orgullosos de ello. Se habían integrado. Solían considerar que no tenían nada que ver con los miserables que seguían llegando del Este. Su patria era Alemania. Algunos habían combatido con honor, se habían distinguido en la Gran Guerra, lucían medallas y también cicatrices como prueba de lealtad a la que consideraban su nación. Muchos habían prosperado, ejercían profesiones prestigiosas, eran profesores, médicos, abogados, jueces, científicos, en ciertos casos incluso de fama internacional. No estaban en absoluto marginados: al contrario, eran miembros indiscutibles de la élite.

Con todo, nada los eximiría del desprecio, la expulsión y, finalmente, el exterminio. Claro que habría quien objetara que «hay judíos decentes». Como quienes hoy en día, en un alarde de bondad, se dignan reconocer que hay «migrantes decentes», «musulmanes decentes», etcétera. ¿Cuántas veces lo hemos oído incluso de gente a la que no le gustan los inmigrantes? En el panfleto que redactó en 1930 un alto funcionario simpatizante de los nacionalsocialistas iba al grano con un argumento irrebatible: «Sí, quizá. Pero si uno duerme en una cama de hotel llena de chinches, no le pregunta a cada chinche: ¿eres una chinche decente o sinvergüenza? La aplasta y punto».

«SE ACABÓ LA FIESTA»

Tras el Decreto de Inmigración se desencadenó la que denominaron, con lenguaje militar, la «guerra contra la delincuencia». Se sucedieron detenciones y redadas para «meter a los delincuentes en la cárcel». «A partir de ahora, mano dura», rezaban los titulares. La persecución de criminales —etiqueta que no solo los adversarios políticos merecían— había empezado enseguida, incluso antes del incendio del Reichstag y de la promulgación de las leyes especiales «para la seguridad del Reich». Se había autorizado inmediatamente a la Policía a efectuar «detenciones preventivas» a fin de luchar contra los comunistas. Esta medida se fundamentaba en la práctica de la «prisión preventiva» prevista en casos especiales para proteger a un sospechoso de un posible linchamiento. Se convirtió en la norma general por la que se podía arrestar a cualquier persona, enviarla a un destino arbitrario sin la autorización de un magistrado, y retenerla indefinidamente sin que mediara un juicio.

Fue en 1933 cuando se crearon los primeros campos de concentración, asignados a las SS de Himmler. Al principio recluían a comunistas y opositores. La práctica se extendió a ladronzuelos, buscavidas y estafadores. Luego, a inmigrantes ilegales, mendigos, vagabundos, a personas que por algún motivo no tenían hogar. A continuación, a «holgazanes», «inútiles», «parásitos» y «vándalos». Finalmente, a los homosexuales, los gitanos, los romaníes y los sinti, a los que inicialmente habían encerrado en sus propios campamentos. Como se ve, el catálogo de indeseables sigue siendo más o menos el mismo. Se animaba a los ciudadanos a señalarlos y denunciarlos a la Policía, a no dejarse conmover y, si los asaltaba un irresistible impulso de generosidad, jamás hacer donaciones a una organización que no estuviera registrada legalmente. Se los advertía de que no tiraran el dinero para financiar a «traficantes de carne humana», a asociaciones criminales que reclutaban y explotaban a inmigrantes, mendigos y prostitutas. En septiembre de 1933 se llevó a cabo una colosal redada para «limpiar Berlín de vagabundos y mendigos». En un solo día detuvieron y deportaron a 100.000 personas. Era la mayor operación policial y de arresto masivo vista en Alemania hasta entonces.

La opinión pública aplaudía las medidas. Recién instalados en el poder, los nazis se habían arrogado el control de qué se podía publicar y qué no. Se ocuparon de que la prensa otorgara la máxima importancia a la apertura de campos de concentración en los que recluirían sin juicio a opositores e indeseables. No intentaron ocultarlo, sino que se vanagloriaban de la eficacia de su nuevo sistema de «justicia policial». Como escribió Christa Wolf, «bastaba con leer los periódicos» para enterarse de la existencia de los campos, la Gestapo, la persecución y la discriminación. Así, no solo se sabía lo que ocurría: la mayoría lo aprobaba. Algunos con entusiasmo. Se mostraban satisfechos de que los nazis cumplieran su promesa de «orden, disciplina, normas». La mano dura e incluso la brutalidad, lejos de dañar la reputación de Hitler, gozaban de una amplia aceptación. El pueblo seguiría aplaudiendo cuando, junto con los demás «asociales», se llevaron a gitanos y judíos.

Sobre la pena de muerte también había consenso. Sobre todo para los delitos sexuales. Y más tarde para los atentados contra la «pureza de la raza», el mestizaje, el cruce de sangres (igual de grave o peor si era consentido). No se derramaron lágrimas por la durísima persecución a los «jóvenes rebeldes», descarriados, pequeños delincuentes, aunque también a chicos y chicas que simplemente rechazaban la disciplina de las Juventudes Hitlerianas (obligatoria a partir de 1939) y preferían escuchar jazz y bailar. Reunirse en bandas juveniles (como los famosos Piratas) se convirtió en un agravante que podía ser castigado con la muerte. No nos consta que causaran un horror especial los primeros ahorcamientos públicos. ¿Por qué iban a conmoverse entonces cuando llegara el exterminio en masa y sistemático?

De la noche a la mañana se había desvanecido la larga tradición «romántica» de simpatía por los rebeldes y los inadaptados, desde el Schiller de *Los bandidos* hasta el Brecht de *La ópera de los tres centavos*, pasando por *Michael Kohlhaas* de Von Kleist. El protagonista de *La rebelión* de Joseph Roth es el lisiado de guerra Andreas Pum, cuyo sueño se hace realidad cuando le conceden una licencia de músico callejero. Pero su mundo se derrumba cuando, a raíz de una trivial disputa con el revisor del tranvía, le retiran el permiso y su reacción provoca que lo encarcelen. Y de la noche a la mañana desaparecieron los músicos callejeros, los mendigos e incluso las voces de los hombres en busca de «trapos, hierro, ropa vieja, papel». La gente parecía satisfecha. Mucho tiempo después del ignominioso fin del Tercer Reich había gente que recordaba con nostalgia la época en que las leyes eran estrictas, las calles estaban libres de mendigos y prostitutas, se ajusticiaba a los ladrones y «a nadie se le permitía llevarse algo que perteneciera a otra persona».

Los nazis construyeron un mito sobre la inflexibilidad. «Nuestros amigos criminales han tomado nota de que desde 1933 soplan aires nuevos en Alemania, más frescos y más sanos. No hay rastro de sentimentalismo en nuestros centros penitenciarios y en nuestras prisiones», proclamaba triunfal *Der Angriff* («El ataque») de Goebbels. Como si dijera «Se acabó la fiesta». Los nazis exhibían su maldad sin complejos. Y en eso se basaba gran parte del apoyo de la gente. Les brindaba una aceptación abrumadora. La bondad fue desterrada por aclamación popular, con el aplauso de los implicados, no solo de la Policía, sino también de jueces y criminalistas. Los «Principios del castigo penal» aprobados en 1923, en los albores de la República de Weimar, estipulaban que los presos debían ser tratados «con justicia y humanidad», «respetando su dignidad y fortaleciendo su sentido del honor». Durante la década siguiente los juristas se alejaron paulatinamente de este enfoque «blando». Ya en 1932, en la conferencia anual de la delegación alemana de la Unión Internacional de Criminalistas hubo quien arremetió contra el exceso de humanidad hacia los presos argumentando que «a este ritmo, dentro de treinta o cuarenta años dejarán de imponerse castigos». Hubo quien defendía que «la idea del castigo está demasiado arraigada en la opinión pública sobre la finalidad de la justicia como para suplantarla».

TODO ES SIEMPRE CULPA DE LOS JUDÍOS

«¡Todo, absolutamente todo es culpa de los judíos!», rezaba el estribillo del aria de la habanera de Carmen que musicó Friedrich Hollaender, ya célebre por las canciones que Marlene Dietrich interpreta en *El ángel azul*.

> Si llueve y hace frío,
> Si el teléfono está ocupado,
> Si pierde la bañera,
> Si te equivocas con los impuestos,
> ¡Todo, absolutamente todo es culpa de los judíos!
> Si la comida sabe a jabón,
> Si no llegas a fin de mes,
> Si el Príncipe de Gales es mariquita,
> ¡Todo, absolutamente todo es culpa de los judíos!

Se estrenó en 1931 en el cabaret Tingel-Tangel. Se burlaba de las obsesiones de los antisemitas con la técnica de la enumeración, encadenando, entre cada repetición del estribillo, los hechos más dispares, desde la actualidad política hasta las razones del malestar generalizado, pasando por el costumbrismo. El humor absurdo reflejaba el absurdo de la realidad. La canción formaba parte de un espectáculo de sátira política que, paradójicamente, no apuntaba contra los nazis, sino contra la República de Weimar. «Mentiroso, mentiroso, mentiroso, pero ¡cómo me gustaría que las mentiras fueran verdad!...», sonaba en la misma farsa «Münchhausen», una canción sobre los desencantados con la política y la democracia. También había una breve aparición de Hitler como un duendecillo menor que se limitaba a hacer de coco: «¡Ja, ja! Soy el pequeño Hitler y os voy a morder. Os meteré a todos en el saco, uh, uh, uuh». Resulta profético, aunque todavía con sordina, casi de forma inconsciente. En realidad, el duendecillo ya mordía con una ferocidad insólita.

El cabaret se presta a la estrecha imbricación de lo absurdo y lo trágico. Willy Rosen había inaugurado en 1924 el Kabarett der Komiker musicando *Quo vadis*, una parodia de los nazis cuando todavía se hallaban lejos del poder y apenas preocupaban a nadie. Se dice que, en el vagón sellado con plomo que lo trasladó de Theresienstadt a Auschwitz, Rosen no paraba de cantar: «Siempre hay de quien reírse en todo lugar / siempre hay quien bromea en todo lugar, / alguien destinado a representar al bufón...». No hay risa más trágica que la risa forzada del payaso. El bufón percibe matices que de otro modo pasarían inadvertidos. En su excelente *La risa nos hará libres: cómicos en los campos nazis*, Antonella Ottai relata, entre muchos otros, un *sketch* del «conferenciante» Franz Engel, asesinado después como tantos otros cómicos judíos.

> Como siempre, voy al barbero hacia mediodía. Veo a un hombre salir catapultado por la puerta. No me lo explico. Le pregunto a mi barbero: «¿Qué ocurre? ¿Por qué ha echa-

> do a ese señor?». Me dice: «Fíjese bien». El tipo entra en mi local y suelta: «¡Aféiteme!». ¿No podía decir, como todo el mundo: «¿Tendría la amabilidad de afeitarme?». De pronto exclama: «¡Qué peste!». «Disculpe —le digo—, creo que se equivoca, pero ¿a qué se supone que huele?» Saco la navaja y empiezo a afeitarlo. Y él: «Sigue apestando». Empiezo a estar un poco mosqueado. Digo: «Le informo, señor, de que mi local se desinfecta cada día, realmente no sé qué puede apestar». Sigo afeitando, y él: «Sin embargo, apesta». Entonces me enfado y le digo: «¿A qué va a apestar? ¿No será usted el que huele mal?». Y me responde: «Ya sé a qué huele. Probablemente apesta a los judíos que han pasado por aquí». Ah, no, ahora sí que exploto. Mire lo que le he dicho: «Tenga cuidado con lo que dice, señor, porque entre mi clientela hay judíos de primera clase, gente respetable, honrados hombres de negocios... El que ofende a un judío me ofende a mí». Me contesta: «Supongo que usted también es judío». ¿Se da cuenta de lo que se ha atrevido a llamarme? En un instante estaba abofeteado y en la calle. ¡A mí nadie me ofende así!

Los nazis no inventaron el antisemitismo. Solo lo llevaron a las últimas consecuencias. Ya estaba muy extendido, profundamente enraizado en el alma nacional, en la cultura popular y también en numerosos ámbitos de la alta cultura. Desde la Edad Media los judíos habían sido acusados reiteradamente de llevar a cabo matanzas rituales, de desangrar a niños para aderezar el pan ácimo de Pascua, de vampirismo y de perversión sexual. Sin embargo, Alemania era el país que más había integrado a los judíos en su cultura. Peter Gay recuerda en sus memorias, *My German Question*, una violenta discusión que mantuvo en la Universidad de Columbia con su colega Franz Neumann. Este, judío y alemán como él, se había exiliado de Alemania en

1933. Su *Behemoth* se convertiría en el texto de referencia sobre el sistema nazi para generaciones de investigadores. Gay cuenta que se peleó con él porque insistía en defender la absurda tesis de que, antes del ascenso de los nazis, Alemania era el pueblo menos antisemita de Europa. Pero que más adelante, recapacitando, le asaltó la duda de si Neumann estaba en lo cierto.

En Europa, los alemanes eran superados en celo antisemita por los franceses. En rencor, por los polacos. *Pogrom* es un término ruso. En Rusia nunca se tomaron a la ligera los prejuicios populares contra los judíos: la Policía zarista ideó los *Los protocolos de los sabios de Sion*, y ese espíritu se extiende hasta los tiempos de Solzhenitsyn. La paranoia antisemita de Stalin llegó al paroxismo en la posguerra: es probable que estuviera plenamente convencido de que los médicos judíos estaban confabulados para asesinarlo. Y para el bombardeo de propaganda sobre la conspiración judía mundial, Hitler encontró en Estados Unidos a un maestro aún más fanático si cabe: el magnate del automóvil Henry Ford, autor de *El judío internacional*. Así las cosas, ¿había realmente algo que predispusiera a Alemania más que a otros países al exterminio?

CONTRA LAS ÉLITES Y CONTRA LOS DESESPERADOS

¿De dónde salía ese odio a los judíos? Entre las numerosas explicaciones posibles hay una que de entrada resulta extraña: la envidia. Es la que propuso en 1933 Siegfried Lichtenstaedter, un alto funcionario bávaro retirado, judío y a la vez alemán hasta la médula. En sus ratos libres escribía novelas en las que abundan las profecías. Acierta a menudo, y volveremos sobre él más adelante. Afirma que el resentimiento de los antisemitas nace de la envidia. Envidian a los judíos porque son cultos, ricos, exitosos, más felices que ellos. La envidia es una razón suficiente para odiar. Al envidioso puede carcomerlo el rencor, pero nunca admitirá que en el fondo desearía parecerse al otro. Muy al contrario, lo denigra, asegura que le repugna, lo tilda de ladrón, canalla, inmoral, estafador, astuto si tiene éxito, parásito si no lo tiene, despreciable en cualquier caso. Niega querer llegar a ser como él. Solo sentirá una impagable satisfacción si el otro cae en desgracia, si pierde lo que el envidioso considera ventajas y privilegios. En alemán existe incluso un término específico para designar el disfrute, la alegría por la infelicidad ajena: *Schadenfreude*.

Otra posible explicación es que el resentimiento hacia los judíos respondiera a lo contrario, ya que muchos de ellos —en especial los inmigrantes— se situaban en el último eslabón de la escala social, pobres entre los pobres, ignorantes, en suma, «feos, sucios y malos». De hecho, estas dos interpretaciones distan de ser contradictorias. A uno pueden molestarlo los que están peor, puede odiarlos, y al tiempo envidiar, detestar a los que están mejor que él. Ambas opciones son complementarias, se dan la mano. Lo vemos cada día: quienes más abominan de los inmigrantes, de los llegados de Oriente Medio, Afganistán, África o Sudamérica, son también quienes más repudian a las élites, a las que acusan de ignorar el malestar «del pueblo», del hombre corriente, de los «que se quedan atrás», e incluso de medrar con ese sufrimiento.

En este momento oigo a nuestro ministro del Interior declarar en televisión que los que se apiadan de los inmigrantes, de los refugiados, de los náufragos abandonados en los barcos que los han rescatado, deberían preocuparse más por las necesidades de los italianos con dificultades. Los que sufren han sido abandonados, mientras que los inmigrantes son alojados en «hoteles de tres estrellas», gozan de prioridad absoluta para las ayudas, esgrime a continuación. Estallan los aplausos. Este sí que habla como el pueblo que lo vota. Los italianos primero, *America First, les français d'abord*. Lo que se oía en 1933. En su minuciosa revisión de los horrores de ese año, publicada póstumamente, acabada la guerra, con el título *La tercera noche de Walpurgis* (en referencia al descenso al infierno del Fausto de Goethe), Karl Kraus recuerda un episodio que presenció en Berlín y que le reveló «la raíz del problema», le hizo «intuir lo que es tan difícil de verbalizar». Una vendedora de periódicos anunciaba a voz en cuello un titular: «¿Por qué el judío gana más y más rápido que nosotros?».

La eterna cuestión, que todos seguimos planteándonos, es: ¿por qué tanto odio? Se trata sin duda de la gran pregunta, como afirma el historiador y periodista alemán Götz Aly, que buscó respuestas en *¿Por qué los alemanes? ¿Por qué los judíos?: Las causas del holocausto*.

Pero ¿quién los obligaba a hacerlo? ¿Qué se ganaba cultivando, exacerbando, situando en el centro mismo de la política, en el centro de todo, semejante odio a los judíos? ¿Qué sentido tenía? ¿No podrían haber hecho exactamente lo mismo sin arremeter con tal ferocidad contra ellos? Imponer una dictadura que reemplazaba la democracia de Weimar, eliminar toda oposición, incluidos los que hasta el día anterior habían sido aliados del Gobierno, emprender una política ultranacionalista, exaltar una «Alemania para los alemanes», consolidar la economía nacional, financiar el rearme, incluso librar una guerra de conquista: nada de todo esto requería incitar al odio a los judíos. ¿O tal vez sí?

Hay quien lo achaca a la psicosis de Hitler. Otros, al fanatismo de sus seguidores. Victor Klemperer, que lo sufrió en carne propia y consignó en su diario la escalada del odio también en el plano lingüístico (lo veremos en el capítulo 6), ofrece una respuesta muy sencilla: porque les convenía. Con su crueldad podían ganarlo todo y perder poco.

> Una enorme ganancia, tan grande que me hace creer que el antisemitismo de los nazis no era una aplicación particular de su teoría racial general, sino que tomaron y desarrollaron la teoría racial general para proporcionar al antisemitismo un fundamento duradero y científico. El judío es la persona más importante en el Estado hitleriano: es el cabeza de turco, el chivo expiatorio por excelencia, el antagonista del pueblo, el común denominador más evidente, el paréntesis más adecuado para encerrar los diversos factores. Si el Führer hubiera logrado la ansiada exterminación de los judíos, debería haber inventado otros, porque sin el diablo judío —«Quien no conoce al judío no conoce al diablo», ponía en los tablones de anuncios del *Stürmer*—, sin el sombrío judío no podía brillar la imagen del alemán del norte. Por otro lado, al Führer no le habría costado encontrar nuevos judíos, teniendo en cuenta que diversos autores nazis consideraban a los ingleses descendientes de una tribu bíblica perdida...

El razonamiento cuadra perfectamente, casi como una ecuación algebraica, si sustituimos el término «judío» por «extranjero» o, peor aún, por el más despectivo «inmigrante».

La propaganda nazi no se limitaba a fomentar el antisemitismo: también arremetía contra las «influencias internacionales venenosas y pestilentes», contra la «telaraña internacional de las finanzas», contra los organismos económicos mundiales que pretendían imponer «la miseria» en Alemania con la excusa de la deuda, y, por supuesto, contra la «amenaza bolchevique» y el «terror comunista».

Sin embargo, en el germen de todo, en el papel de bisagra del gran complot internacional contra Alemania, seguían estando los judíos. Entre 1930 y 1933, el antisemitismo constituyó para los nazis «la columna vertebral emocional». Hitler, como señala Götz Aly, «tañía la cuerda de la raza casi de pasada, como una nota amortiguada y repetida en el bajo continuo de las arengas». Y con eso «bastaba» porque era lo que la gente quería oír. Como muestra cita un recuerdo familiar. Su tío August, que en esa época estudiaba en Múnich, fue a escuchar un parlamento de Hitler y observó que «hablaba sin mostrar rencor, con tanta prudencia que era el público el que aderezaba el discurso con las consabidas exclamaciones "judíos", "traidores", "canallas"». En fin, «orador y público hacían del antisemitismo un espectáculo interactivo». Tan interactivo como las redes sociales.

Al convertir el antisemitismo en su principal razón de ser, los nazis ampliaron sus bases de apoyo, pues apelaban a algo muy extendido entre la opinión pública. Valerse de los prejuicios y la histeria colectiva que habían provocado no era una posibilidad, sino una obligación. Como el aprendiz de brujo, ya no podían dominar las fuerzas infernales que habían conjurado y exacerbado, ni siquiera si hubieran deseado rechazarlas. Porque se habían afianzado precisamente sobre esa exacerbación, habían cobrado una parte sustancial de sus dividendos electorales. Pero me doy cuenta de que estoy condicionado por la actualidad. No hace falta ser nazi para sembrar el odio y atacar a los inmigrantes. Basta con que eso atraiga votos.

5
EL CAMINO AL INFIERNO ESTÁ EMPEDRADO CON ELECCIONES

En los ocho meses que preceden a la «toma del poder» por parte de los nazis, los alemanes han votado dos veces para la presidencia de la República y tres veces para el Parlamento, sin contar una infinidad de elecciones locales. Una intuición de Gramsci: ¿los populistas de Hitler se han convertido en un partido «de centro»? Al disolverse las coaliciones de centroizquierda y centroderecha, cuaja una alianza inesperada.

«¡Treinta y cuatro partidos! Los trabajadores tienen un partido propio. Pero no solo uno. ¡Sería demasiado poco! Tienen tres o cuatro. La clase media, tan inteligente ella, evidentemente necesita más aún. Para cada interés económico hay un partido. Los agricultores tienen un partido. Bueno, en realidad, dos o tres. ¡Los propietarios de inmuebles necesitan un partido que represente sus intereses políticos y filosóficos! Y, por supuesto, no nos olvidemos de los arrendatarios. También los católicos necesitan su partido. Y los protestantes, otro. Es preciso un partido para Turingia y uno propio para los ciudadanos de Württemberg...» A Hitler le encantaba interpretar este número en los mítines. El sarcasmo arrancaba carcajadas entre los oyentes. Luego estallaba un atronador aplauso, cuando remataba: «Mi objetivo es barrer de Alemania a esos treinta y cuatro partidos. No queremos ser los representantes de una profesión, una clase, una fe o una región. Queremos que los alemanes se sientan un solo pueblo». Cumplió su palabra. Erradicadas todas las formaciones ajenas, ya no habría siquiera necesidad de elecciones.

La izquierda le hacía el juego a la antipolítica nazi. Kurt Tucholsky apunta contra la proliferación de partidos y partiditos con argumentos que recuerdan a los de Hitler:

> En el principio fue LA ASOCIACIÓN. Una sola, aunque pronto se convirtió en dos —fenómeno conocido como «partenogénesis»— e inmediatamente estalló la guerra: ¡sus secretarios también tenían derecho a existir! Pero en las asociaciones no hay cargos para todos. Presidente primero, presidente segundo, presidente tercero, directores, directores generales, directores ejecutivos, miembros honorarios. ¿Y luego qué? Todavía queda un considerable número de personas que no son absolutamente nada, personas grises, anónimas, sin alegría. Esto aflige al buen Dios. Se mesa la barba e inventa algo: ¡la oposición! ¿Cómo nace la oposición? Normalmente, entre los que siembran cizaña en cada reunión hay un presidente rechazado; todos juntos emprenden una guerra contra el presidente de turno y protestan: la existencia del ser humano se apuntala en el alboroto. Gritan incluso en sueños, hasta que una valeriana y un sopapo de la esposa los obliga a moderar sus sugerencias. Pero, lamentablemente, las esposas no están presentes en la asociación y, en ausencia de sopapos, enseguida los dos que protestan se convierten en cuatro que, de camino a casa, se detienen en cada farola y vociferan aquello que en la reunión no han podido expresar porque ya tenían la boca seca. Hasta que

> al más gris de ellos le sube por la garganta la frase: «Señores, deberíamos organizarnos con mayor concreción». Son las 23.20 horas de una noche metropolitana. Y allí, en la esquina de la Genthiner y la Lützowstrasse, se para el tiempo: ha nacido oficialmente la oposición. Con un presidente —por supuesto, el rechazado por la asociación—, un presidente segundo, un tesorero y un responsable de protocolo. No nos dejamos a nadie, eran cuatro, ¿verdad? ¡Solo falta pensar el cargo adecuado para un eventual quinto miembro! Pronto habrá cincuenta y tres personas y cuarenta y ocho cargos. Y un buen día, durante una reunión en la que se ha decidido contra qué artículo votar en asamblea, la Presidencia pide una votación y dos miembros se pronuncian en contra. Caos total, se está gestando una nueva oposición para combatir a la vieja oposición, y en la autoproclamada nueva oposición nace un ala de izquierda de la que, a su vez, brota un ala radical. Al fin se alcanza el ideal del Estado alemán. ¡Un hombre, un partido! ¡Uy, perdón, he dicho partido! No, los partidos jamás haríamos nada por el estilo. Solo estaba hablando de asociaciones.

En las amarillentas papeletas para las elecciones de 1932 figuraban casi sesenta partidos. No con sus símbolos, sino con los nombres impresos en letras góticas. Algunos partidos de los que no se había oído hablar ni se oiría hablar después lograron incluso obtener diputados. Pero el problema no era tanto la inflación de partidos y partiditos como la multiplicación hasta el infinito de elecciones. En la Alemania de Weimar —así llamada porque los padres de la Constitución habían decidido reunirse en la ciudad de Goethe y Schiller y no en Berlín— se votaba a todas horas, sin cesar. Participaba todo el mundo, sin distinción de datos censales o de sexo. En 1918, recién acabada la Gran Guerra, Alemania había sido uno de los tres primeros países que introdujeron el sufragio femenino. Se votaba libremente por una amplia pluralidad de partidos y listas y según el principio de representación proporcional pura, el método más democrático posible: un ciudadano, un voto. Tenían «la Constitución más bella del mundo», que garantizaba la igualdad de derechos.

Las elecciones libres son la sal de la democracia. Sin embargo, en exceso no le hacen ningún bien. De hecho, existe el riesgo de que la maten. En la Alemania de los años treinta, votar una y otra vez era un síntoma de la incapacidad de ofrecer respuestas políticas a la crisis. Se votaba y se volvía a votar porque ningún partido ni coalición alguna sumaban mayoría. Persistir en la repetición de las elecciones con la esperanza de obtener un resultado más favorable que el anterior nunca ha subsanado la ausencia de iniciativa política, de soluciones al atolladero. El ansia de venganza no compensa ni en los comicios ni en el casino; al contrario, es la forma más segura de fracasar.

Se celebraron elecciones al Reichstag en 1928, 1930, julio de 1932, noviembre de 1932 y de nuevo en marzo de 1933. Cinco elecciones generales en un lustro, ¡una al año! En estas cinco rondas electorales, el NSDAP (*Nationalsozialistische Deutsche Arbeiterpartei*, Partido Nacionalsocialista Obrero Alemán) de Hitler obtuvo respectivamente 800.000 votos, 6,4 millones, 13,7 millones, 11,7 millones y 17,3 millones de votos. El apoyo a los nazis creció en progresión geométrica. Pero el número de votantes también había aumentado en ese periodo: de 30,4 a 39,3 millones. Acabó votando a los nazis la gente que en las elecciones previas se había abstenido, había desertado de las urnas, había desistido, hastiada de la política. Se estima que, de los 16,5 millones de votos que ganaron los nazis en cinco años, siete millones procedían de los antiguos votantes de derechas o centroderecha, un millón de votantes que hasta entonces habían optado por las izquierdas, y hasta 8,5 millones correspondían a «nuevos votantes», a jóvenes que acudían a las urnas por primera vez o electores que no habían participado en los comicios anteriores.

El caso de Weimar representa un clamoroso ejemplo de cómo se puede llegar a la catástrofe no por el desapego, sino por una mayor implicación del electorado. La República había sufrido durante años la recurrente pesadilla de la violencia revolucionaria y contrarrevolucionaria, las barricadas, los golpes, bajo la constante amenaza de una intervención militar para acabar con el caos. Y, sin embargo, lo que la destruyó fue una serie de elecciones con sufragio universal y una creciente participación.

En la década de 1970, los de mi generación incorporamos la idea de que las elecciones libres garantizaban la libertad y la democracia, mientras que la amenaza provenía de los golpes de Estado. Con elecciones libres accedían al Gobierno los buenos, como Allende en Chile. Mediante golpes de Estado, los malos, que derrocaban gobiernos legítimos, como Pinochet. Abominábamos de los que organizaban los golpes: la CIA, pero también el KGB, que urdió el de Checoslovaquia en 1968 y diez años después el de Afganistán. *Coup d'État* es el título del ligero librito que publicó en 1968 Edward Luttwak, un joven y desenfadado académico aspirante a asesor militar. «Un manual práctico», prometía el subtítulo.

Así nos lo hemos explicado durante largo tiempo. No obstante, esta narrativa desatendía lo que había sucedido cuarenta años antes en el país más democrático de la Europa de entonces. Quizá porque se lo consideraba irrepetible. Aunque podía ocurrir cualquier cosa, y de hecho ocurrió, existía la certeza de que nunca habría otro 1933. Al menos no en Europa, ni en Estados Unidos. ¿Realmente había que esperar a que transcurrieran otras cinco décadas para que comprendiéramos que el camino al infierno está empedrado con elecciones, al menos en igual medida que de golpes de Estado?

UNA CAMPAÑA ELECTORAL PERMANENTE

En 1932, el año previo a la llegada de Hitler al poder, los alemanes habían votado en dos ocasiones en la elección directa del presidente de la República: el 13 de marzo y, en segunda vuelta, el 10 de abril. Hitler había perdido frente a Hindenburg, gracias a que este contó con el apoyo de los socialistas (pero no de los comunistas, que no retiraron a su candidato para la votación de abril). Ese mismo año se habían celebrado dos elecciones al Parlamento casi seguidas. Una primera vuelta el 31 de julio, y otra el 6 de noviembre. Votarían de nuevo, por tercera vez en menos de ocho meses, el 5 de marzo de 1933. Lo primero que hizo Hitler como canciller fue disolver el Reichstag y convocar unos comicios en busca de una mayoría inasible, ni siquiera sumando a sus aliados en el Gobierno. Aparte de las legislativas y las presidenciales, en los meses anteriores se habían sucedido ininterrumpidamente otras citas electorales. Poco después de la segunda vuelta de las presidenciales, el 24 de abril, los alemanes regresaron a las urnas para escoger la Dieta de Prusia, que constituía tres quintas partes del territorio y de la población, y las asambleas de los demás *Länder*. Entre las nacionales se intercalaron infinidad de elecciones locales. Así, en lugar de una «revolución permanente», sufrían una campaña electoral permanente. Solo acabar una campaña comenzaba de inmediato otra. Resulta difícil gobernar haciendo campaña todo el tiempo. Ejercer la oposición también.

Cada convocatoria, local o no, se aprovechaba como palanca para alterar el equilibrio de fuerzas o incluso para ganar poder a escala nacional. Por ejemplo, para que Hitler ocupara la cancillería fueron decisivas las elecciones de mediados de enero de 1933 en Lippe, el *Land* más pequeño, tan diminuto que cuesta localizarlo en un mapa. Los nazis exprimieron los recursos a su alcance. Hitler se implicó en persona, recorriendo cada modesta localidad. Dio quince mítines en once días. No había celebrado tantos durante la campaña presidencial. Los mítines eran una auténtica actuación teatral; el fruto: obtuvieron 5.000 votos más que en las elecciones de noviembre, pero 3.500 menos que en las de julio. «Ha atravesado una mosca con la espada», ironizaba el antinazi *Berliner Tageblatt*. Sin embargo, ese puñado de votos resultó crucial, porque le sirvieron para demostrar, en contra de la opinión generalizada, que su partido no había entrado en un irrefrenable declive. De paso, aplacó el descontento y las divisiones internas del movimiento.

SI LOS VOTANTES PREFIEREN A LOS CHARLATANES

Al principio se percibía al Partido Nazi casi como un fenómeno folclórico. Tenía un alcance limitado (limitado a la Alemania meridional, Múnich y alrededores). El agitado fanatismo de sus adeptos era objeto de burla. Su violencia no parecía una amenaza para la democracia, sino un problema de orden público. A duras penas superaban el 2 por ciento de los votos en las elecciones. Su intento de golpe de Estado de 1923 fracasó. Y en esa ocasión no estaban solos, sino que contaban con el apoyo de los ultranacionalistas, de los que después se separaron. El Ejército intervino. Hitler acabó en prisión, aunque con una pena leve. Nada sugería que fueran a intentarlo de nuevo.

El punto de inflexión, la conquista de la masa crítica necesaria para el éxito, llegó con las elecciones generales del 14 de septiembre de 1930, cuando los nacionalsocialistas alcanzaron el 18,2 por ciento. Pero todavía no eran el primer partido. Quedaron en segundo lugar, entre los socialistas del SPD, con un 24,3 por ciento, y los comunistas del KPD, con un 13,3 por ciento. *Mutatis mutandis*, no hay que remontarse muy atrás en la historia italiana para advertir de qué es capaz un líder agresivo y sin escrúpulos con poco más del 17 por ciento, aunque ni siquiera obtenga un segundo puesto, sino el tercero o el cuarto, como sucedió en Italia con Matteo Salvini en las elecciones de 2018. El prestigioso *Berliner Tageblatt* tildó de «monstruoso» que «seis millones de electores de un país tan civilizado como el nuestro hayan votado por la más baja, vulgar y grosera charlatanería».

Bien dicho, pero ¿qué declararían cuando, en 1932, esa cifra se elevara a cerca de catorce millones? Y luego a diecisiete... Resulta sumamente tentador culpar a los electores, al pueblo que se deja engañar. Esta idea se ha oído respecto a líderes contemporáneos como Trump, Erdogan, Modi, Orbán o Bolsonaro. Incluso para Putin, que fue plebiscitado en las presidenciales rusas. No respecto a Xi Jinping, pero porque en China no se vota, y espero que nunca se convierta en el modelo de referencia. Parafraseando la ironía de Brecht, podríamos responder: «Si los resultados electorales les decepcionan, les sugiero que disuelvan al pueblo y elijan otro».

¿QUIÉN VOTABA A HITLER?

«Pero si está todo en las novelas», responde una oficinista a su interlocutor en el prefacio de *Los empleados*, el ensayo de Siegfried Kracauer sobre este colectivo. Se aprende mucho de las novelas de una época. Aun cuando no (estoy tentado de escribir «sobre todo cuando») tratan directamente de acontecimientos políticos. E incluso sobre una cuestión tan árida como las elecciones. Hans Fallada publicó *Pequeño hombre, ¿y ahora qué?* en 1932, el año con el mayor número de citas electorales en Alemania. Narra la historia de un joven matrimonio berlinés en lento descenso hacia el infierno del desempleo. No son nazis; todo lo contrario. A él no le interesa la política. Ella pertenece a una familia de tradición de izquierdas, con un padre socialista y un hermano comunista. Siente una aversión innata a las injusticias. Es una persona sencilla: «Maneja solo un par de conceptos básicos: que la mayoría de la gente es mala porque se ha visto obligada a serlo y que no debemos juzgar a nadie porque no sabemos qué haríamos en su lugar». Percibe cómo crece la rabia generalizada. «Actuando así, lo único que consiguen es crear bestias salvajes. Y pronto se darán cuenta», le dice a su marido. «Por supuesto que se darán cuenta —responde él—. La mayoría de nosotros ya nos hemos pasado a los nazis.» «¡Muchas gracias! Pero ya sé a quién votaremos en su lugar», replica ella. «¡Bah! ¿A quién? ¿A los comunistas?» «Pues claro», dice ella, que sabe lo que hace. «Todavía tenemos que pensarlo un poco. A mí me gustaría, pero no acabo de decidirme», señala él. «De acuerdo, mi amor, ya lo discutiremos en las próximas elecciones», responde ella con condescendencia.

Si en Italia no contáramos con una traducción íntegra,[1] ignoraríamos que mantienen estas conversaciones. La traducción italiana de 1933 editada por Medusa las censuraba, junto con los episodios «atrevidos», en los que se habla de sexo y de otras cosas «feas», ofensivas «para el pudoroso oído latino», según el traductor. En la novela no

1. Ediciones Maeva la publicó en castellano en 2009, en traducción de Rosa Pilar Blanco.

se desvela qué votan finalmente los protagonistas. En retrospectiva, cabe adivinar que también optarán por Hitler.

¿Quiénes votaban a los nazis y por qué? Se trata de una de las cuestiones más estudiadas desde hace décadas. No bastaría una biblioteca entera para reunir la cantidad de respuestas que se han dado. Las elecciones de la República de Weimar se han analizado quizá con mayor profundidad que las contemporáneas. Hoy sabemos exactamente quién votaba y a quién. Existe una infinidad de estudios sobre por qué y cómo los votos se desplazaron hacia el Partido Nazi, drenando los apoyos a los socialdemócratas y los partidos de centro, que a su vez habían integrado el Gobierno o respaldado la sucesión de mayorías. También hay un sinfín de opiniones sobre si se desviaron en función de la pertenencia de clase, las creencias religiosas o ideológicas, las promesas y la propaganda. En los últimos tiempos prevalece la opinión de los historiadores que sostienen y demuestran que los alemanes votaron principalmente conforme a sus intereses económicos, optando por los partidos que más se preocupaban por sus problemas, o al menos eso prometían.

Los grandes vuelcos electorales difícilmente obedecen a una sola causa. Suelen deberse a varias, a un conjunto de factores dispares. Importa tanto a quién se escoge como contra quién se vota; los intereses concretos y materiales pesan tanto como los grandes ideales, depende tanto de minucias como de cuestiones amplias, de cuántos acuden a las urnas y cuántos no.

Me permitiré una breve anécdota. Nunca olvidaré una conversación que oí en un tren, en el valle del Po, en 1976, el año en que el Partido Comunista Italiano cosechó su mayor éxito. Todos los pasajeros del abarrotado compartimento proclamaban que votarían al PCI. Pero esgrimían motivos distintos, incluso opuestos: este, porque los comunistas meterían a los delincuentes en cintura, «como hizo Stalin en Rusia»; ese, porque defendían la democracia; un tercero, porque estaban del lado de los trabajadores, aquel, porque en la Emilia gobernaban bien, y el de más allá porque no hacían concesiones, porque no eran como el resto; uno porque compartía su compromiso histórico, el empeño de unión; otro, porque su abuelo había sido partisano, y un último, por llevarle la contraria al fascista de su padre... Hoy en día, si en los trenes no fuéramos todos pegados al móvil y aún se conversara, tal vez comprenderíamos mejor los flujos electorales.

UNA INTUICIÓN DE GRAMSCI

Hay un episodio curioso en los *Cuadernos* de Gramsci, uno de los últimos, escrito el año en que Hitler subió al poder. Define el Partido Nazi como «de centro», mientras que los «extremistas» serían Hugenberg y Von Papen, exponentes de una derecha más tradicional. ¿Un desliz? ¿O una observación de increíble profundidad?

Como muchas de las notas de Gramsci, se trata de un texto poco exhaustivo. Constituye en esencia un programa de trabajo. No es del todo «claro»: está codificado previendo en qué manos podía acabar: sus carceleros o sus camaradas. Probablemente escribía confiando en que, a buen entendedor, pocas palabras bastan. Aunque no menciona la Rusia soviética, siguiendo su lógica podríamos deducir que, al igual que los jacobinos en su día, los bolcheviques se han convertido en el «centro». ¿Insinúa que, por definición, el «centro» es quien gobierna y los «extremistas», también por definición, los movimientos «demagógicos», populistas, antes de llegar al poder? ¿Acaso se equivoca diametralmente al considerar —como tantos en esa época— que los partidos de la derecha «histórica», de Hugenberg y Von Papen, manipulan a Hitler y los nazis, y no a la inversa? Lo que no podemos negar es que sabe de qué habla. Pese a estar preso, Gramsci seguía con atención todo lo que se publicaba sobre política europea y en especial sobre Alemania.

Releámoslo:

> Un análisis exhaustivo de los partidos de centro en sentido amplio resultaría extraordinariamente instructivo. Término exacto, extensión del término, cambio histórico del término y de su acepción. Por ejemplo, los jacobinos fueron un partido extremo: hoy son típicamente de centro; también los católicos (en conjunto), los socialistas, etc. Creo que un análisis de los partidos de centro y de su función constituye un elemento importante de la historia contemporánea.
>
> No hay que dejarse engañar por las palabras o por el pasado: es cierto, por ejemplo, que debemos considerar partidos de centro a los «nihilistas» rusos, e incluso a los «anarquistas» modernos. La cuestión es si, por simbiosis, un partido de centro le puede servir a un partido «histórico», como por ejemplo el partido hitleriano (de centro) para Hugenberg y Papen (extremistas: extremistas en cierto sentido, agrarios y en parte industriales, dada la particular historia alemana). Partidos de centro y partidos «demagógicos» o demagógico-burgueses.
>
> El estudio de la política alemana y francesa durante el invierno de 1932-1933 ofrece abundante material para este análisis, también la contraposición de la política exterior con la interior (aunque siempre es la política interna la que dicta las decisiones, entendiendo como tal la de un país

en concreto: de hecho, resulta evidente que una iniciativa de un país derivada de razones internas se convertirá en «exterior» para el país que sufre la iniciativa).

En la Alemania de los años treinta del siglo pasado, en el lapso de poco más de una década, se había producido una transformación de fondo en la actitud de los votantes. Le habían prestado menos atención de la que merecía, especialmente los entendidos, es decir, los políticos y los periodistas. Entre 1919 y 1933, en catorce años, habían tenido trece cancilleres y veintiún gobiernos que no lograban estabilidad. Sin embargo, durante ese periodo las decisiones del electorado se habían mostrado en esencia invariables. Se desplazaban dentro de cada sector, pero muy poco entre formaciones. Los votantes se expresaban con una constancia similar a la de la llamada Primera República italiana: la línea divisoria se establecía entre derecha e izquierda.

Entonces llegó un partido que de entrada, empezando por el nombre escogido, se declaraba «ni de izquierdas ni de derechas», sino «del pueblo». Se definían como «nacionalistas» y «socialistas» a la par que como partido «obrero». Naturalmente, en defensa de los «trabajadores alemanes», no de los «trabajadores del mundo». Forzando los parámetros un poco hacia la actualidad, cabría decir que se presentaban como «ultranacionalistas» y «populistas» a la vez. El electorado alemán, que antes solo oscilaba entre los polos tradicionales, cambió. Con la llegada de esa libre fluctuación, los movimientos adquirieron un carácter impetuoso, torrencial, incontrolable. Se habían alterado los parámetros. Partidos antes prometedores se esfumaron al instante. «Hemos visto desaparecer al Partido Democrático de la noche a la mañana», escribía el berlinés *8 Uhr-Abendblatt*, en referencia al hundimiento del progresista DPD, *Deutsche Demokratische Partei*, el partido de centroizquierda que había gobernado con el católico *Zentrum* y el socialdemócrata SPD, o *Sozialdemokratische Partei Deutschland*, entre 1924 y 1928.

En las elecciones generales del 31 de julio de 1932, esto es, apenas dos años después de la última convocatoria, el NSDAP duplicó sus resultados, recabando el 37,4 por ciento del sufragio y 230 escaños, y desbancó al glorioso SPD del primer puesto. Aún habría altibajos, pero se había desplazado el eje, el pivote, el «centro». En noviembre de 1932, el Partido Nazi sufrió un revés, cayendo al 33,1 por ciento, pero sin perder el liderazgo.

Se confirmaba la presencia de un «tercer polo», distinto de los tradicionales. Entre la izquierda, la derecha y los populistas, las combinaciones posibles se multiplicaban, en función de qué dos pactaran contra el tercero. Uno de los que detectaron la novedad fue el dirigente del *Zentrum* católico, monseñor Kaas. Cuando, tras las elecciones de noviembre de 1932, el presidente de la República lo llamó a consultas, Kaas le dijo: «Hay 12 millones de alemanes en la oposición por la derecha [los votantes del NSDAP de Hitler], y 13,5 en la oposición por la izquierda [6 millones que habían optado por el KPD y 7,3 votantes del SPD]». Resultaba inevitable implicar a unos u otros en el Gobierno. Para evitar el riesgo de que la izquierda se uniera y tomara la iniciativa, debían decantarse por Hitler. Lo que probablemente no comprendió es que así convertía al Partido Nazi en el nuevo fiel de la balanza, en el nuevo centro.

Ya en el Gobierno, el NSDAP rozó la mayoría absoluta en las elecciones parlamentarias del 5 de marzo de 1933, con más de 17 millones de votos, que representaban un 43,9 por ciento del sufragio. Sin embargo, esas ya no fueron unas elecciones libres ni normales: se celebraron inmediatamente después del incendio del Reichstag, con los partidos y los periódicos de izquierdas prohibidos, entre oleadas de detenciones e intimidaciones generalizadas, en un clima de suspensión de las garantías constitucionales.

¡ES LA COALICIÓN, ESTÚPIDO!

Los resultados electorales son importantes. Pero es aún más importante su articulación. Desde 1930, en Alemania no solo había variado el peso relativo de cada formación. Había cambiado algo mucho más relevante y ciertamente decisivo en un sistema electoral proporcional: las combinaciones posibles entre partidos para interactuar y establecer coaliciones. No se correspondían automáticamente con los «bloques sociales» que iban configurándose. Ni con los «bloques ideológicos». Dependían de una multiplicidad de factores. Pero destacaba uno en particular: la capacidad de iniciativa política.

En 1919, la coalición, el pacto de Gobierno entre los socialdemócratas, el centro y los partidos «burgueses» sumaba el 76,4 por ciento de los votos. En vísperas del nombramiento de Hitler como canciller, la representación de esa antigua alianza, en caso de que pudiera reeditarse, se vería reducida a la mitad, a apenas el 36,3 por ciento. Sobre el papel, la habría superado por un punto una coalición exclusivamente de izquierdas, del SPD y el KPD, con un 37,3 por ciento. La unión del centro y la izquierda habría reunido un 53,3 por ciento. Un porcentaje quizá insuficiente para gobernar en esas circunstancias. La cuestión es que nadie lo intentó. En ningún caso se contempló la posibilidad de una alternativa.

Ni siquiera alcanzaba la mayoría la coalición del NSDAP y el DNVP de Hugenberg en la que se sustentaba el Gobierno de Hitler: no llegaba al 41,5 por ciento de los votos. Los demás partidos, y todos los iniciados, estaban absolutamente convencidos de que era imposible que Hitler y Hugenberg formaran gobierno, de que jamás se pondrían de acuerdo y que, si por casualidad lo hacían, tendría los días contados. Al fin y al cabo ya lo habían intentado, fracasando estrepitosamente: cuando la derecha, en octubre de 1931, se había unido en el Frente de Harzburg (por la localidad de la Baja Sajonia en la que celebraron un acto electoral masivo) para forzar la caída del Gobierno centrista de Brüning, «tolerado» por los socialdemócratas. Lejos de formar una alianza, protagonizaron una guerra sin cuartel. Y muchos estaban seguros de que ocurriría lo mismo en 1933. Sin embargo, no tuvieron en cuenta ni la capacidad de iniciativa política de los nazis ni el hecho de que, al margen de la postura de cada partido, existía en efecto un sector de la sociedad y de la opinión pública deseoso de una solución política.

Los socialdemócratas habían fundado la República, habían gobernado durante más de diez años y eran los más firmes valedores de los intereses de los trabajadores. Defendían la Constitución y la legalidad republicana con mayor coherencia que ningún otro partido. El problema residía en que buena parte de los electores habían dejado de creer en la República y en la Carta Magna, estaban desengañados de la democracia. Preferían votar por quien prometía algo nuevo.

El SPD había conquistado el pico máximo de éxito en 1928, con casi un 30 por ciento de representación. Como ocurre en casi todas las democracias actuales, un tercio de los votos es el peso crítico para postularse al Gobierno. Pero resulta insuficiente para un mandato en solitario en un sistema proporcional. Se precisan alianzas. En efecto, los socialdemócratas habían gobernado largo tiempo en una *Grosse Koalition* con los centristas. Hasta que esta coalición

COALICIONES POTENCIALES Y REALES

	IZQUIERDA	CENTRO	DERECHA	SPD + DDP + Z	SPD + DDP + Z + DVP	DDP + Z + DVP	DVP + DNVP	Coalición real
1919	45,5	38,6	16,3	76,4	80,8	43	16,3	76,4
1920	41,7	26,3	32	48	62	40,3	32	48/40,3
1924 I	33,7	22,5	43,4	42,9	52,1	31,7+	36,8	55,5
1924 II	35,2	41	23,4	49,8	59,7	33,7+	37,6	41
1928	40,7	28,8	29,9	50	58,6	28+	35,9	58,6
1930	37,7	18,5	43,8	43,1	47,7	23,1+	25,5	36,9
1932 I	35,9	16,8	47,2	38,4	39,5	20,9	10,1	...
1932 II	37,3	...	...	36,3	38,3	21,5	14	41,5

KPD: *Kommunistische Partei Deutschlands* (Partido Comunista de Alemania)
SPD: *Sozialdemokratische Partei Deutschlands* (Partido Socialdemócrata de Alemania)
DPD: *Deutsche Demokratische Partei* (Partido Democrático Alemán)
Z: *Zentrum* (Partido de Centro)
BVP: *Bayerische Volkspartei* (Partido del Pueblo Bávaro)
DVP: *Deutsche Volkspartei* (Partido del Pueblo Alemán)
DNVP: *Deutschnationale Volkspartei* (Partido Nacional del Pueblo Alemán)
NSDAP: *Nationalsozialistische Deutsche Arbeiterpartei* (Partido Nacionalsocialista Obrero Alemán)

RESULTADOS ELECTORALES DE LOS PARTIDOS PRINCIPALES

	KPD (USPD)	SPD	DDP	Z (+ BVP)	DVP	Listas locales	DNVP	NSDAP	Abstención
1919	7,7	37,8	18,6	20	4,4	1,6	10,3	...	17,3
1920	20	21,7	8,3	18	14	3,1	14,9	...	21,6
1924 I	13,3	20,4	5,8	16,7	9,2	8,2	19,4	6,6	23,7
1924 II	9,2	26	6,3	17,5	9,9	7,3	20,4	3	22,3
1928	10,7	29,8	5	15,2	8,6	13	14,3	2,6	25,5
1930	13,1	24,6	3,7	14,8	4,6	13,8	7,1	18,3	18,6
1932 I	14,3	21,6	1,1	15,7	1,1	3	6	37,1	16,5
1932 II	17	20,3	0,9	15,1	2	3,5	8,5	33	20
1933	12,2	18,4	0,8	14	1	1,5	7,9	44,2	12,1

Rectángulos de línea continua: coaliciones de Gobierno
Rectángulos de línea discontinua: apoyo externo
Líneas de puntos verticales: división entre formaciones de izquierda, centro y derecha

se rompió. Y ni siquiera por los grandes principios, sino por simplezas. En 1930, el Gobierno de coalición de Hermann Müller cayó por un desacuerdo relativo a quién debía pagar el seguro de desempleo: si los trabajadores o las empresas. «Los socialdemócratas se han dado un garrotazo en la cabeza porque les molestaba una mosca», comentó implacable el *Frankfurter Zeitung*.

No fueron capaces de reconstruir una coalición, ni abriéndose al centro ni acercándose a la izquierda. Seguía siendo un partido gigante, pero carecía de liderazgo y de estrategia. Los vetos cruzados entre los distintos grupos de presión internos habían acabado paralizándolo. En julio de 1932, el año en que los nazis también superaron el trascendental 30 por ciento de los votos, los socialistas apenas perdieron una decena de escaños. Los comunistas ganaron una docena. A primera vista, nada dramático. Quienes habían sufrido una sangría eran los que competían con los nazis por la derecha. Sin embargo, las izquierdas se abstuvieron de analizar en profundidad lo que había sucedido. En concreto, no se percataron de que había cambiado la combinatoria política, de que los nazis y la derecha nacionalista, aparentemente incompatibles hasta entonces, podían llegar a unirse.

No se dieron cuenta de que un pacto entre populistas y derecha era una posible válvula de escape para el malestar, la decepción, las recriminaciones, el hartazgo y los egoísmos de todos los sectores de la sociedad. Peor aún: no advirtieron que la prioridad absoluta, lo único que podría haber salvado a la izquierda y al centro, habría sido hacer cualquier cosa, sacrificar incluso los propios intereses, con tal de impedir dicha alianza.

Quizá era imposible. Quizá jamás lo habrían conseguido. En cualquier caso, ni siquiera lo intentaron. Al contrario.

Parecían desafiar, casi alentar a la derecha y al centro a negociar con Hitler. Es cierto que no llegaron a decir: que lo prueben, han ganado las elecciones, así que les toca a ellos formar Gobierno, veamos qué son capaces de hacer. Pero también es verdad que nadie propuso explícitamente construir una coalición distinta.

En realidad, sí que hubo una tentativa. Kurt von Schleicher, el último canciller sin mayoría al que había nombrado el presidente Hindenburg, tanteó *in extremis* a los sindicatos, si no al propio Partido Socialdemócrata, para que se unieran en una coalición antinazi y anticomunista. Sin embargo, no era el hombre adecuado. Había ascendido a jefe de una Oficina Especial de Asuntos Exteriores de las Fuerzas Armadas y se había convertido en consejero del presidente de la República. En connivencia con Franz von Papen, el otro favorito de Hindenburg, había manejado entre bastidores todos los gobiernos que se habían sucedido desde 1932. Había forzado la caída del Gobierno de Brüning y el nombramiento de Von Papen como canciller después de las elecciones de julio de 1932, de las que no había surgido ninguna mayoría viable. Von Papen había sufrido una derrota ignominiosa, con 42 votos contra 544, en una moción de censura presentada por un inesperado acuerdo entre los nazis y los comunistas. Sospechaba que detrás se ocultaba la mano de Schleicher, y desde entonces vivía obsesionado con hacérselo pagar. No deberíamos subestimar el papel que desempeñan los rencores personales, especialmente entre aliados y compañeros de partido. Así se habían convocado, por segunda vez en tres meses, elecciones anticipadas. De nuevo, ningún partido obtuvo la mayoría. Tampoco se vislumbraba una coalición que la lograra. Schleicher fue nombrado canciller. El Reichstag no fue consultado. De hecho, ni siquiera fue convocado. Si hubieran tenido una tradición para simbolizar el traspaso de poder (así, en Italia el primer ministro saliente entrega una campanita al entrante, igual que en España los alcaldes entregan el bastón de mando), Von Papen se la habría tirado a la cabeza a Schleicher.

Este contaba con el apoyo del Ejército. Había anunciado su intención de formar un Gobierno «por encima de los partidos», y enviaba señales tanto a la izquierda como a la derecha. Coqueteaba con Hitler para que entrara en el Gobierno, o al menos en la mayoría parlamentaria. Al mismo tiempo les guiñaba un ojo a los sindicatos y a la izquierda. Afirmaba que adoptaría una política económica «ni socialista ni capitalista». Trotski lo definió como un «enigma con charreteras». Los sindicatos le concedieron el beneficio de la duda. «Nosotros, como sindicato, no tenemos la facultad, ni siquiera la posibilidad, de apoyar a un Gobierno [...] Pero, como sindicato, debemos ser considerados con cada Gobierno, aunque no nos merezca confianza», declaró de forma aparentemente sibilina Theodor Leipart, el presidente de la *Allgemeiner Deutscher Gewerkschaftsbund* (ADGB), la CGT alemana de esa época. Por desgracia, ese «ni sí, ni no» a Schleicher pronto se transformaría en un virtual «sí» a Hitler. Los socialdemócratas, en cambio, lo rechazaron de entrada, muy probablemente por miedo a resultar cómplices de un golpe militar si el general Schleicher movilizaba a la *Wehrmacht* para disolver a las milicias de la oposición. Algo inaceptable para los que defendían a ultranza la Constitución y la legalidad republicana. Aunque se tratara de la única vía para detener a los nazis.

Hitler exigía ser nombrado canciller desde que su partido había resultado el más votado y con más diputados. En cierta medida, todos los cancilleres que encabezaron gobiernos sin mayoría parlamentaria en 1932 le ofrecieron un cargo, dentro o fuera del gabinete. Pero no estaban dispuestos a cederle la jefatura ni a permitirle gobernar solo. El presidente Hindenburg parecía inamovible. Había sido claro y directo cuando se lo dijo a Hitler en persona, durante la primera reunión tras las elecciones de julio: era incompatible con su conciencia y con su juramento a la Constitución «entregar todos los poderes a un solo partido, y todavía menos a un partido tan intolerante con el resto»; un Gobierno así podía desembocar inevitablemente en «una dictadura de partido».

Por su parte, Hitler rechazaba obstinadamente una participación parcial. «Todo el mundo me pregunta: *Herr* Hitler, ¿por qué no quiere subirse al tren de un Gobierno de coalición? Yo siempre respondo lo mismo: ¿por qué debería montar en un tren que tendría que abandonar enseguida, al no poder apoyar las maniobras de los reaccionarios que lo conducen?» No somos como los demás, no estamos dispuestos a hacer concesiones, no nos prestamos a los jueguecitos parlamentarios, era la cantinela. Y, en cualquier caso, «cuando tomemos el poder, no permitiremos que nos lo arrebaten», añadía. En los actos de campaña para las elecciones de noviembre pronunció variaciones de este discurso al menos cuarenta y cinco veces.

Sin embargo, la postura del «todo o nada», la negativa a gobernar con «tipejos corruptos» y «reaccionarios» provocó que lo abandonaran parte de los electores que lo habían votado en la segunda vuelta de las presidenciales y, luego, en las legislativas de julio. Quizá le convenía la «pureza», la agresividad verbal contra todos los partidos. Pero, al rechazar la idea misma de enfrentarse a ellos, el Partido Nazi se condenaba a la esterilidad, acababa por no tener ninguna influencia en las decisiones de gobierno. En las elecciones generales de noviembre de 1932, el NSDAP sufrió un fuerte revés. Perdió dos millones de votos y 34 diputados. Aunque seguía siendo el partido más votado, aislado y atrincherado corría el riesgo de carecer de relevancia.

La estrategia de «no hacer concesiones», de «nada de entrar en el Gobierno por la puerta de atrás», también se cuestionaba en el seno del Partido Nazi. Gregor Strasser, camarada fundador, había intentado convencer a Hitler de que cambiara de guion. Se lo consideraba el principal exponente del «ala izquierda» del partido. Su hermano Otto había sido uno de los teóricos del «bolchevismo prusiano» —una mezcolanza de ideas nacionalistas, anticapitalistas y racistas— y lideraba una facción sediciosa del NSDAP. Gregor había decidido permanecer junto a Hitler. Tachado de traidor, de Judas, incluso de judío, dimitió de todos sus cargos en el partido y se marchó de vacaciones al extranjero. En la prensa corría el rumor de que pretendía encabezar también una escisión del movimiento y que negociaba en secreto con el general Schleicher para entrar en el Gobierno. No era cierto, pero Hitler tomó nota.

La venganza se sirvió fría: un año y medio después, Hitler mandó asesinar a Strasser y al general Schleicher (junto con toda su familia) a manos de las SS, su guardia personal, que entretanto había tomado pleno control de la Policía Secreta del Estado. Ocurrió el 30 de junio de 1934, la Noche de los Cuchillos Largos, en la que también ejecutaron sumariamente a Ernst Röhm, el carismático jefe de la infame milicia del partido, las SA, que ansiaban «continuar la revolución nacionalsocialista». Lo que Hitler no toleraba bajo ningún concepto era tener competidores. Al parecer, la velocidad con la que se desembarazó de la oposición interna, jugando a dos bandas, impresionó mucho a Stalin.

6
LA FILOLOGÍA DEL ODIO

Insultos, obscenidades, trolls *que diseminan denuncias y noticias falseadas. Casi todo lo peor de las redes sociales ya aparecía en las páginas del* Stürmer. *En la sección de cartas de los lectores se daba rienda suelta a las quejas y las memeces, realmente, «bagatelas para una masacre». La primera* «megavendetta» *del nuevo Gobierno recae sobre los empleados de la administración pública, acompañada de una abstrusa nomenclatura para los que van a ser eliminados.*

¿La política altera el lenguaje? ¿O es el lenguaje el que cambia la política? Uno de los documentos más extraordinarios y profundos sobre los cambios en la forma de expresarse durante ese periodo es *LTI: la lengua del Tercer Reich*, de Victor Klemperer, una reflexión basada en el diario que llevó minuciosamente a partir de 1933. El filólogo comparte una cosa con el Gramsci de los *Cuadernos*: ambos se esfuerzan por desentrañar las razones últimas de lo sucedido. Gramsci indaga en el porqué del fascismo y de la derrota del movimiento que él lideraba, y Klemperer en por qué su Alemania se había entregado en cuerpo, alma y palabra a Hitler. Personalidades, épocas y circunstancias diferentes. Es curioso, ambos eran lingüistas.

Desde el principio los nazis demostraron ser unos campeones del insulto, de la hipérbole polémica, de las groserías lanzadas contra los opositores, los judíos y cualquiera ajeno al «pueblo» con el que se identificaban. Acompañó su ascenso un «a la mierda» incesante, reiterado, silabeado, infinito. No se trataba de un mero desahogo plebeyo: era una representación estudiada, deliberada. Ya había mucha violencia, también verbal, en las continuas campañas electorales, los comicios y los debates políticos de los tiempos de Weimar. Una violencia teatral.

El público no se limitaba a escuchar en actitud pasiva. Participaba alborotando, aplaudiendo, coreando consignas. Se parecía a las tertulias televisivas actuales, con comportamientos agresivos codificados, previsibles, incluso exigidos por las reglas, como en un juego de rol. Gritos, abucheos, silbidos, insultos, blasfemias e imprecaciones a los adversarios formaban parte del repertorio. Lo mismo ocurría con los gestos: el saludo con el brazo extendido contra el puño en alto. Los mítines, los desfiles y más tarde las concentraciones y las celebraciones del régimen nazi se transformarían en acontecimientos con una producción y una escenografía cada vez más espectaculares.

El insulto fue también el hilo conductor de la exposición artística más rica e importante organizada durante el Tercer Reich. La muestra *Entartete Kunst*, «Arte degenerado», inaugurada en Múnich en julio de 1937, reunía 650 obras, prohibidas ya desde 1933, de Van Gogh, Cézanne, Chagall, Mondrian, Klee y Kandinski, entre otros muchos. Estaba dividida en nueve secciones con títulos como «Idiotas, cretinos y deformes», «Burdeles, prostitutas y proxenetas», etcétera. Una se llamaba simplemente «Judíos».

Hago *zapping*. Me detengo en un episodio de *Piazzapulita*, el programa semanal de actualidad que presenta

Corrado Formigli. Entrevistan a chicos en un bar de la costa de Ostia después de que un joven negro haya sufrido una paliza. «Si veo a un negro, lo insulto.» Pero ¿por qué? «Me gusta ofender», «Me divierte», son las respuestas. Al día siguiente alguien pone el grito en el cielo en Facebook. Por la cobertura mediática, no por los odiadores. «¿Por qué no enseñan también a las personas a las que esta buena gente [entiéndase "los negros"] ha dado una paliza [...], a las chicas a las que han violado y asesinado», reza un post. Otro: «Tropecientos reportajes sobre un negro al que han zurrado unos imbéciles [...] Pero nunca veo reportajes sobre cómo estos chicos de color dan puñaladas a policías, transeúntes, etc. Eso por no hablar de las violaciones...».

Me invade la pavorosa sensación de haber oído antes el tono agitado, los intercambios de insultos, las insinuaciones, la propensión al linchamiento verbal de personas de carne y hueso que proliferan —desde hace años— en las consignas que se oyen en los estadios o en las plazas, en las broncas en el Parlamento, en la televisión, pero sobre todo en las redes. *Insulto, ergo sum.*

UN PERIÓDICO PARA LA VERDAD

Este fenómeno contemporáneo de los insultos virales en las redes, las noticias falsas difundidas como revelaciones, el odio aparentemente auténtico y espontáneo, pero que en realidad se cultiva con premeditación, los *trolls* que amplifican los mensajes..., todo aparecía ya en las columnas del *Stürmer*. Era un pequeño periódico del sur que fundó en los años veinte el jefe del Partido Nazi en Franconia, Julius Streicher, un hombrecillo calvo con bigote hitleriano. Al principio constaba de cuatro hojas sueltas, sin ilustraciones ni apenas publicidad. Circulaban unos pocos miles de ejemplares por Núremberg y alrededores. «Semanario de la lucha por la verdad», rezaba su lema. Qué extraño destino el de las palabras: cuanto más se miente y más reina el sectarismo, más se alardea de contar la verdad y nada más que la verdad. El periódico del Partido Comunista de la Unión Soviética se llamaba *Pravda*, «Verdad». Ignoro si Maurizio Belpietro[1] escogió *La Verità* como cabecera de su diario en virtud de estos precedentes. El *Stürmer* me recuerda a la horda de páginas web que proclaman desde los flancos ser portadoras de la «verdad», «voces discordantes» que «revelan» libre e irreverentemente, «de forma imparcial», lo que los medios tradicionales pretenden «mantener oculto» a la gente.

Arremeten con furor en el mundo entero, en todos los idiomas. En esto las páginas web en italiano no difieren de las de otros países de nuestro entorno: «Refugiado arrastra a un bebé para que la madre caiga en una trampa y la viola», «Inmigrante nigeriana da a luz y tira el feto a la basura», «Si eres inmigrante, el Estado te regala tierras de cultivo». Así suenan páginas web como «Informar para resistir», «Cadena humana», «Todos los crímenes de los inmigrantes», «Vox News», «Gobierno ladrón» o «Stop invasión». Basta con sustituir «inmigrante» por «judío» para obtener calcos de las «verdades» con las que se mercadeaba en la Alemania de los años treinta del siglo pasado.

El *Stürmer* fue explícito respecto a su objeto social desde el primer número: «Mientras el Judío ocupe nuestra Casa, seremos esclavos del Judío. Así que el Judío tiene que irse. ¿Quién tiene que irse? ¡El Judío!». No los judíos, sino el judío, en singular: ¡todo el pueblo, no posibles malhechores individuales! Era una fábrica de odio magistralmente

1. Veterano periodista con posturas xenófobas que le han valido varios procesos judiciales.

gestionada. No había número que no denunciara escándalos, malversaciones, delitos, violaciones o perversiones sexuales, siempre atribuidos a los judíos o a la izquierda, que para los nazis venían a ser lo mismo. Inicialmente se centraba en objetivos políticos. Luego se añadieron ilustraciones, dibujos y fotos picantes de mujeres con poca ropa o desnudas, así como una agresividad más extrema, obscena y vulgar que la de cualquier otra publicación nacionalsocialista, incluidos el *Völkischer Beobachter*, medio oficial del NSPD, y el *Der Angriff* de Goebbels.

A muchos nazis aquello les parecía excesivo y contraproducente para la imagen del partido. Pero Hitler intuyó que le prestaba un servicio impagable, de mayor eficacia incluso que la máscara de respetabilidad.

Streicher se volvió intocable. Era un fanático del control: no dejó de cuidar de su criatura y de supervisar cada mínimo detalle, ni siquiera cuando el periódico había alcanzado una tirada de cientos de miles de ejemplares y contaba con una redacción de más de trescientos periodistas. Según un informe encargado por Göring a la Gestapo, en la plantilla figuraba un judío, Jonas Wolk, que bajo el pseudónimo de Fritz Brand firmaba algunos de los artículos más virulentamente antisemitas. Al parecer, Streicher incluso le pagaba bien. Pero, como era judío, también se negaba a estrecharle la mano.

Acerca del estilo del tabloide, un lector que asegura no ser ni judío ni antinazi opina lo siguiente: «En cada número del *Stürmer*, Streicher publica algo que llama la atención. Siempre saca a la luz algo turbio. Mantiene a los lectores en un estado de suspense constante. Les da lo que buscan: sensaciones y guarrerías [de] mal gusto [...]. Pero ¿quiénes son sus lectores? La mayoría, adolescentes que de estas páginas lo aprenden todo sobre temas como la homosexualidad y la prostitución...».

Los desnudos también sirven para propagar el odio. Por ejemplo, más de la mitad de una portada de 1926 la ocupa una ilustración de una hermosa muchacha desnuda, blanquísima, rubísima, con los pechos ceñidos por cuerdas que evocan un *bondage* sadomasoquista y rodeada por tres hombres con las facciones del estereotipo de judío y expresión repugnante y libidinosa, que se disponen a violarla. La imagen se titula «La chica polaca asesinada». Justo debajo, a tres columnas, uno de los lemas favoritos de la cabecera: «¡Los judíos son nuestra desgracia!». Las imágenes pornográficas como esta, presentes en cada número del *Stürmer*, contribuyeron en gran medida al éxito de la publicación. Se vendía como churros sobre todo entre los chicos, que se lo iban pasando y lo leían a escondidas. Algo similar a como harían más adelante los jovencitos americanos con *Playboy*, los españoles con *Interviú* y mi generación con *Il Borghese* (yo no lo habría conocido de no ser por un compañero de instituto que tenía en casa la colección completa, y también un busto de Mussolini) y luego las cubiertas de *Panorama* y del *Espresso*.

El *Stürmer* abundaba en los mismos temas con media docena de artículos e ilustraciones en cada número. Después de 1933, la tirada de los monográficos sobre asesinatos rituales practicados por judíos, la delincuencia judía, la conspiración mundial judía, los crímenes sexuales judíos, etcétera, superaba los dos millones de ejemplares. El especial sobre los asesinatos rituales fue prohibido, pero una vez agotada la tirada y solo porque «ofendía a los cristianos» al equiparar el canibalismo atribuido a los judíos y la comunión con la hostia consagrada, el cuerpo de Cristo. El periódico gozaba de una difusión y una visibilidad aún mayores que su tirada: unos expositores que se confiaban a la iniciativa y el ingenio de los lectores acabaron integrándose en el paisaje de toda Alemania. El material parecía inagotable. En parte lo suministraban especialistas de la denuncia y el chantaje, que a veces intentaban cobrar tanto del extorsionado como del periódico al que ofrecían fotos y documentos comprometedores. Asimismo, a partir de 1933 el *Stürmer* se dotó de un formidable archivo de textos y documentación provenientes de fuentes judías y, en particular, una muy surtida sección iconográfica, incluidas fotografías pornográficas que, según Schleicher, servían para fundamentar científicamente el aspecto más «sucio» de la cuestión judía. También se movilizó a la Gestapo para que facilitara cualquier cosa que relacionara a los judíos con la pornografía, los delitos sexuales y la delincuencia común. Cuando algunos oficiales protestaron porque consideraban que no era ese su trabajo, Streicher apeló a las altas esferas para que los disciplinaran. Lo que resulta especialmente aterrador es que la inmensa mayoría del material inculpatorio, fuera verosímil o inverosímil, la habían aportado con sumo entusiasmo y de forma gratuita los propios lectores.

ODIO Y PREJUICIO

Una mujer escribe sobre la tradición judía de «tirar piedras» (en realidad, depositar guijarros) sobre la tumba de los seres queridos. Comenta lo siguiente: «Y dicen: Saludad a Abraham, Isaac y Jacob, y cuando os crucéis con el hijo del carpintero [Jesús] lanzadle una piedra a la cabeza». La carta proviene de una zona rural de Alemania. Difícilmente su autora había oído o traducido una oración judía por los difuntos. El odio está reservado a los «otros». Sin el menor esfuerzo por comprender en qué son distintos.

El otro, el diferente es el que se alimenta de manera distinta. Así, resulta lógico que gran parte de las misivas giren en torno a la comida, qué cocinan y cómo, y a la compraventa de alimentos. No se alude al mal olor de sus platos, como ocurre en situaciones actuales, porque en realidad no hay cercanía: al otro se lo imagina uno de lejos, o se lo inventa sin más, como cuando se atribuye a los judíos la intención de apedrear a Jesús. Una ama de casa se muestra escandalizada porque una mujer ha intentado vender a no judíos una oca que su rabino ha declarado no *kosher*. Obviamente, no hay un mínimo conocimiento de qué hace «puro» o «impuro» a un animal de sacrificio. La conclusión a la que llega el lector indignado es una variante de la sempiterna demonización de los judíos como envenenadores de pozos: no dudan en intoxicar a los gentiles por odio y avaricia vendiendo carne en mal estado. También se habla de una chica, hija de un cabecilla nazi local, que estuvo al servicio de una familia cristiana hasta el día en que le sirvieron un pastel de carne comprada en un puesto judío. Probablemente, durante años le habían contado que en Pascua los judíos desangraban a niños cristianos para aliñar el pan ácimo y que contaminaban con a saber qué asquerosidad la carne que les ofrecían a los no judíos. De modo que, horrorizada, se negó a comer. Plantó cara a sus empleadores, que se mofaron de ella por sus absurdos prejuicios. Ella, antes que ceder y comer ese abominable plato, renunció. El padre narra la historia con orgullo en la sección de cartas del *Stürmer*. El director, Streicher, elogia el comportamiento ejemplar de ambos, padre e hija.

Existe toda una categoría de cartas en las que se denuncian los apetitos desmesurados y las depravaciones sexuales. Prerrogativas también, huelga decirlo, de los judíos. Los autores quizá no hayan leído el pasaje de *Mein Kampf* en el que Hitler imagina «al muchacho judío de cabello negro y rizado» capaz de «esperar al acecho durante horas, con una expresión de alegría satánica en el rostro, a la incauta joven a la que mancillará con su sangre, alejándola así de su pueblo...». Ellos simplemente lo saben. Se lo han repetido tantas veces que se ha convertido en una verdad incuestionable. ¿Quién ignora que los judíos, horripilantes pero lujuriosos y bien dotados, seductores natos, no piensan en otra cosa y solo aguardan la oportunidad de engañar, o violar, a las doncellas arias? Si no lo han visto con sus propios ojos, lo han imaginado vívidamente.

Un lector relata una escena presenciada en el cine: una *Fräulein* se levanta y se va, dejando plantado al hombre que estaba a su lado. No cabe ninguna duda: se trata de un sucio judío que ha acosado a una joven aria susurrándole alguna obscenidad. Otros describen acercamientos indecentes de pedófilos (judíos, por supuesto) a niñas y niños (arios, por supuesto) en los parques. Todo el mundo lo sabe: los obsesos sexuales de los años treinta eran judíos, mientras que los de hoy en día son negros o magrebíes, inmigrantes en cualquier caso. Estos héroes epistolares sienten el deber moral de intervenir y denunciar. Uno divisa a una muchacha hablando con un hombre mayor, de «pronunciados rasgos judíos». Sigue a la chica, la intercepta y la regaña. En la carta expresa su indignación porque en ese momento interviene un policía y le pide la documentación, a él, su salvador, en lugar de perseguir al potencial violador.

He extraído estas cartas de la publicación nazi más tosca y vulgar de *Little Man, What Now: Der Stürmer in the Weimar Republic*, una obra del historiador norteamericano Dennis Showalter, que no se limita a reproducir los textos que aparecieron publicados, sino que acude a lo que quedó de los archivos para recuperar los originales, escritos a mano con una caligrafía torpe e infantil, a veces casi incomprensible, con sus errores gramaticales y ortográficos, sobre papel de orígenes y formatos dispares, la mayoría hojas de cuaderno. Los remitentes son personas de diversa extracción social: comerciantes, profesionales, profesores de instituto y también amas de casa y obreros. Sin embargo, son ante todo pobre gente desengañada y resentida que cree haber identificado al responsable de sus frustraciones en el judío, en el que «gana dinero a su costa», así como en los privilegiados y los intelectuales que los tratan con suficiencia, en los políticos «traidores del pueblo», por los que se sienten abandonados. Se vuelven hacia los únicos que parecen dispuestos a escucharlos, con los que pueden ventilar sin complejos su amargura, los que no les reprocharán la falta de educación, no les darán lecciones de cortesía; al contrario, los incitan a desahogarse, premian su autenticidad por hablar «igual que comen». Sus quejas rezuman ignorancia, rencor, odio y fanatismo. Ojalá se tratara de cretinos o de locos. Pero, para nuestro espanto, son auténtica *vox populi*.

EL PODER DE LA QUEJA

La mayor parte de esta correspondencia es un florilegio de protestas, reproches y peticiones de ayuda dispersas. Evidentemente, los nazis intuyeron con gran antelación el poder de la queja. Una madre se lamenta de haber intentado en vano recibir de la autoridad municipal la ayuda pública que le correspondería (estamos en la primavera de 1932). Un lector cuenta la historia de un veterano prisionero de guerra que cumple una condena de ocho años por amenazar con un cuchillo a una frutera (presumiblemente judía). ¿No resulta comprensible que un viejo soldado pierda los nervios ante un acto de codicia? Los comerciantes son cada vez más avariciosos y todos los judíos son comerciantes, ergo los judíos son avariciosos: he aquí el silogismo. Otra carta refiere el problema de un nacionalsocialista con familia numerosa. Tiene doce hijos. Uno de ellos desea ser aprendiz de mecánico. Pero el único mecánico del lugar no quiere contratarlo porque no le gustan los nacionalsocialistas, simpatiza con los nacional-populares de Hugenberg (nadie imaginaba aún que los dos partidos formarían Gobierno, como en el caso de la Liga de Salvini y el Movimiento 5 Estrellas y su inesperado pacto de 2018). ¿No podría el periódico hacer algo para ayudar a encontrar trabajo a este voluntarioso joven discriminado por sus ideas políticas? Un miliciano de las SA ingresa en la Policía. Lo obligan a escoger entre renunciar a su carnet del partido o trabajar en el cuerpo. Su padre, empleado de Correos, no se atreve a ayudar al chico porque teme «represalias políticas». Su hijo acaba en la calle, duerme en las estaciones de tren, vive de limosnas. ¿No se le podría echar una mano?

Otros lamentan la falta de dignidad y buena educación. Un anciano acude al alcalde de Núremberg, el demócrata Hermann Luppe, para rogar que le adjudiquen una vivienda municipal, porque se ve forzado a dormir con sus hijos en un garaje. El tipo ni siquiera le permite sentarse y le echa en cara que debería haber tenido menos hijos. «Yo soy alguien sencillo. ¿Cómo es posible que la gente instruida se comporte así?» Una mujer detalla el complicado proceso judicial en el que se ha visto inmersa por un asunto de herencia, y en el que intervienen en cierto momento hombres de negocios y agentes inmobiliarios judíos. Su marido es «un pusilánime», su hija padece del corazón y su hijo es soldado. «Lo único que me mantiene con vida es pensar que Hitler ganará y los judíos serán expulsados del nuevo Reich», concluye.

En las cartas al *Stürmer* el descontento suele aflorar por nimiedades, asuntos de poca importancia. Un lector habla de una mujer que ha invadido con su equipaje un asiento de un vagón de tercera clase. Le piden que ceda el espacio a algún pasajero. Ella hace como si nada. Alguien le dice: «Usted debe de ser judía, porque ningún alemán sería tan maleducado». La respuesta que indigna al lector: «¿Y qué? De todos modos, ustedes descienden de nosotros». Otro texto trata de una anciana obligada a viajar de pie porque un padre judío se niega a sentar a su hijo en su regazo y así cederle un asiento.

Uno se tropieza a menudo con paranoias surrealistas. Un cliente se queja de haber entrado en una tienda para comprar un abrigo y encontrarse con que el dependiente judío insistía en venderle una chaqueta de verano. Una clienta protesta por la etiqueta del vestido que compró en una sastrería judía. Reza: «Todo a crédito, sin adelanto, pago en nueve meses». Su reflexión: lo hacen para ofender a las clientas, las tratan de prostitutas, insinuando que «pagarán» quedándose embarazadas. Una carta denuncia la conspiración judía para que las damas arias tengan los pies planos: promover el uso de tacones altos.

BAGATELAS PARA UNA MASACRE

En fin, naderías, menudencias. Auténticas «bagatelas para una masacre», cabría apuntar, tomando el título de uno de los libros más repugnantes de un rey del antisemitismo como Céline. ¡Ay de los pequeños rencores y los enfados por banalidades! Cuando se agrava una crisis sale a la luz el señor Hyde, la bestia que todos llevamos dentro. Hace falta muy poco para que una rabia ligera, un afable «yo no soy racista, pero...», se transformen en odio implacable, en una fiereza que no atiende a razones, como el lobo de la fábula hacia el cordero que bebe del mismo arroyo.

Hay innumerables cartas cuyo autor se queja de haber sido «estafado» por judíos. Suele tratarse de insignificancias, de malestar por una compra de la que uno se arrepiente, por haber pagado un precio demasiado alto, por la sensación de no haber sido tratado con respeto, de haber sido ignorado por el dependiente de una tienda, por el médico de la mutua, por la persona que debería haberse ocupado del papeleo que se acumula en las oficinas, por el empleado de la ventanilla... Descorteses, por tanto, judíos. Esta recriminación resulta especialmente curiosa: acusar de falta de cortesía a quienes son odiados por el mero hecho de existir, a quienes sí deberían quejarse por recibir insultos constantes.

El imán de todas las quejas, el centro de todas las vilezas es el comercio. En el mercado, en las tiendas, en los grandes almacenes de su propiedad, los judíos aprovechan para estafar y chuparles la sangre —es decir, el dinero— a los alemanes desprevenidos. Showalter, que ha revisado un millar de estas cartas, observa que muchos de los que protestan con tanta vehemencia por las «estafas» que han sufrido en realidad carecen de las nociones matemáticas necesarias para adaptarse al frenético ritmo de los súbitos cambios de precio, por la alternancia de momentos de inflación y deflación, de temporada de ventas fuertes y temporada de ofertas. La frustración que genera no poder seguir ni comprender lo que ocurre en la economía conduce fácilmente a creer que alguien quiere colártela.

Existen mil formas de conjugar el «todo es culpa de»: todo es culpa de los políticos, de la burocracia, de los comunistas, de los corruptos, de los privilegiados, de los inmigrantes, de los miembros de otra etnia... El juego consiste en atribuir la responsabilidad de cualquier situación a cualquiera contra el que podamos dirigir nuestro resentimiento. En la Alemania de esa época recaía principalmente sobre los judíos. Que a su vez eran también extranjeros, inmigrantes, bolcheviques o políticos de la odiada República «judía» de Weimar. O sobre los judíos que controlaban las finanzas internacionales, los gobiernos de Francia e Inglaterra, la Bolsa. Hoy en día, tres cuartos de lo mismo: de nuevo los inmigrantes, la élite, la casta, Wall Street, los poderes fácticos, los sueldos vitalicios, los burócratas de Europa y de las instituciones que «nunca cuadran las cuentas». Con una lacerante crisis económica, el mensaje repetido hasta la saciedad, el sentimiento generalizado pasó a ser: hay dinero, pero alguien está engañándote, te está robando, alguien que pretende perjudicarte, que la tiene tomada con el pueblo alemán, o sea, contigo. ¿Por qué me dará la impresión de que oigo cosas parecidas cada día? El discurso impregna las conversaciones en los bares y las declaraciones en televisión, hasta las imágenes de archivo que invariablemente acompañan las noticias económicas en los telediarios: una máquina que imprime montañas de billetes de cincuenta euros...

UNA CUESTIÓN DE NOMBRES

Los judíos que ni siquiera parecen serlo están especialmente en el punto de mira. Los que no se dan a conocer, los que no tienen los rasgos somáticos del «oriental enjuto», sino que se ocultan tras facciones alemanas, a veces incluso tras nombres alemanes. Un lector escribe al *Stürmer* contando que ha sido engañado, de hecho empujado a «traicionar a su propio pueblo», al comprar puros a un estanquero de apellido Borchardt y descubrir horrorizado que el hombre tenía un nombre lo más judío posible: Isidore.

Solo una clase de gente les inspira mayor odio que los desgraciados venidos del Este: los judíos que se disfrazan de alemanes, o que en realidad parecen más germánicos que ellos. Constituyen el verdadero peligro: así camuflados, se infiltran en las universidades, contaminan la cultura alemana, corrompen la economía, amenazan la pureza de la raza germánica. Son élite y parias a la vez. Y sufren un desprecio doble: el de los alemanes, por ser judíos; el de los judíos, por ser alemanes y privilegiados. El nuevo régimen se encargaría de prohibir por ley tal camuflaje. Muchas familias judías estaban tan integradas en la cultura alemana que ya transmitían nombres teutones de padres a hijos y a nietos. En sus memorias sobre su infancia en el Berlín de los años treinta, Peter Gay (pseudónimo de Peter Israel Fröhlich, el «Israel» impuesto por los nazis) recuerda que su madre se llamaba Helga, y dos de sus tíos, nada menos que Siegfried. «Si la intención era disimular los orígenes judíos, resultó contraproducente: se decía que únicamente a los judíos podían gustarles esos nombres», observa. De todas formas, los obligaron a cambiar de nombre o como mínimo a añadir un segundo nombre que delatara su origen. Si hubiera nacido en la Alemania de Hitler debería haberme puesto Israel en lugar de Siegmund o, de ser mujer, Sara. Aquel fue el primer paso hacia la imposición de la estrella amarilla.

«En la calle desierta aparece un coche que frena a mi lado y un desconocido asoma la cabeza por la ventanilla: "¿Todavía estás vivo, cerdo maldito? Habría que atropellarte, aplastarte el vientre"...»

«Estoy a punto de subir al tranvía, en el que solo me está permitido viajar de pie en la plataforma delantera, siempre que esté separada del interior del vagón (puedo usar este medio de transporte únicamente para ir a la fábrica siempre que esta se encuentre a más de seis kilómetros de mi casa). Así pues, voy a subir, es tarde y si no llego puntual el capataz puede denunciarme a la Gestapo. A mi espalda alguien tira de mí violentamente: "¡Ve andando, que es más sano!".»

¿Cuántas veces, en cuántos lugares, en cuántas épocas y momentos distintos hemos asistido a escenas como estas?

Son dos de las numerosas anotaciones de Victor Klemperer sobre su condición de judío en Núremberg después de la implantación de la estrella amarilla obligatoria. «Hoy me repito la pregunta que he formulado a las personas más diversas y a mí mismo cientos de veces: ¿cuál fue el día más duro para los judíos en aquellos doce años infernales? Tanto los otros como yo hemos dado siempre una respuesta inequívoca: el 19 de septiembre de 1941. A partir de aquella fecha fue preceptivo llevar la estrella de David...»

Había «judíos plenos [*Volljuden*]», «medio-judíos [*Halbjuden*]» y «mixtos [*Mischlinge*] de primer grado», de grados diversos y «descendientes de judíos [*Judenstämmlinge*]».

Y, añade Klemperer, los «privilegiados».

> Esta es la única invención que me hace dudar de si sus autores eran plenamente conscientes de la diabólica maldad que habían ideado. Los privilegiados solo aparecían como tales en los grupos de judíos que trabajaban en las fábricas; su privilegio consistía en no tener que llevar la estrella ni tener que vivir en las «casas de judíos». Se era privilegiado si se había contraído matrimonio mixto, siempre que de este hubieran nacido hijos «criados como alemanes», es decir, no inscritos en la comunidad judía. Este precepto, cuya interpretación variable a menudo conducía a grotes-

cas discusiones, quizá se concibió con el único fin de proteger a un sector de la población susceptible de ser explotado por los nazis; desde luego, ninguna otra medida causó efectos más devastadores y desmoralizadores en un grupo de judíos que esta denominación, capaz de despertar tanta envidia y tanto odio. Pocas frases he oído pronunciar con mayor amargura y frecuencia que esta: «Es un privilegiado», esto es: paga menos impuestos que nosotros, no tiene que vivir en la casa de judíos, no debe llevar la estrella, puede mimetizarse hasta cierto punto... Y cuánta soberbia, qué penosa alegría mezquina —sí, penosa, porque en el fondo vivían en el mismo infierno que nosotros, aunque en un círculo mejor, y al final los crematorios devoraron también a los privilegiados—, qué distanciamiento se solía percibir en esas dos palabras: «¡Soy privilegiado!». En la sección de mi léxico dedicada a los judíos, privilegiado ocupa el segundo lugar entre las peores palabras; en el primero siempre estará la estrella.

LA NOMENCLATURA DEL ODIO

La primera definición de quién debe ser considerado judío y quién no se remonta a abril de 1933. Está recogida en un decreto modestamente titulado «Para la reestructuración de la función pública», que prevé el despido o la jubilación anticipada de todos los directivos y funcionarios públicos que «no sean de ascendencia aria». No anunciaron para el año siguiente —como hizo en Italia Rocco Casalino, portavoz y jefe de prensa del Gobierno de Conte y Salvini— una *megavendetta* contra los presuntos hostiles, los técnicos que podrían poner palos en las ruedas al nuevo Ejecutivo: la llevaron a cabo de inmediato, por decreto. Sin dar tiempo a oposición o boicot algunos. Dicha ley estipulaba la destitución de los funcionarios considerados, a juicio del irrefutable criterio del Gobierno, «inadecuados» o no fiables políticamente. En concreto, de los funcionarios y gestores públicos «cuyas actividades políticas previas no garanticen un pleno apoyo al Estado nacional en cualquier circunstancia». Naturalmente, merecen especial atención los judíos, que no son fiables políticamente por defecto. El decreto considera «no ario» a todo aquel «descendiente de padres o abuelos no arios, y a los judíos en particular». Y precisa: «Basta con que solo uno de los padres o de los abuelos sea no ario».

La medida recibió una entusiasta acogida. Liberaba puestos de trabajo. En 1933, a pesar de los recortes del gasto público aún vigentes y de la congelación de las plantillas, el despido masivo de judíos permitió que se contratara al 60 por ciento de los solicitantes de plaza docente. En la universidad surgieron de golpe más de cinco mil vacantes de licenciados, de profesores contratados, que no habían superado las oposiciones, para otros que llevaban mucho tiempo esperando una plaza fija. El mérito exigido era ser simpatizante del régimen.

Poco a poco, la definición de judío se tornó más sutil y complicada. La *ars definitoria* medieval habría rabiado de envidia. El primer párrafo de la «Ley para la protección de la sangre y el honor alemanes», promulgada en Núremberg en 1935, establecía: «Queda prohibido el matrimonio entre judíos y ciudadanos de sangre alemana o afín. Todo matrimonio contraído en contravención de esta norma será declarado nulo». El decreto de aplicación precisaba que debía considerarse «plenamente judía» a cualquier persona que tuviera al menos tres abuelos judíos. A quien tenía dos se le calificaba de *Mischling*, mixto (de primer grado). Pero devenía plenamente judío si en el momento de la entrada en vigor de la ley (o con posterioridad) profesaba el judaísmo o estaba casado con una judía. Irreversiblemente judíos eran también los hijos concebidos, dentro o fuera del matrimonio, en vulneración de las leyes raciales. Los que tenían un solo abuelo judío se declaraban «mixtos» de segundo grado, casi arios. Se le buscaban tres, cinco, infinitos pies al gato. Año tras año se añadían disposiciones complementarias a la ley «para la protección de la sangre alemana». Entre 1936 y 1937 se introdujeron cinco con nuevas restricciones.

Habían vetado a los judíos el acceso a cargos públicos, y luego les prohibieron ejercer la enseñanza y la medicina, ser dentistas o abogados, poseer bares, restaurantes y al final cualquier tipo de negocio. Tenían que irse, sencillamente, desaparecer. El objetivo explícito era hacerles la vida imposible para abocarlos a la «emigración total». Pero ¿adónde? De palabra, la comunidad internacional se mostraba comprensiva y solidaria. En el verano de 1938, por iniciativa del presidente Roosevelt, se convocó en Evian una conferencia internacional para el reparto de los refugiados. Participaron treinta y dos países. Resultó un fracaso absoluto. El *Völkischer Beobachter* tituló con satisfacción: «Nadie los quiere».

Los que se quedaron por obligación o por voluntad propia fueron celosamente fichados. Sabían dónde encontrarlos. Mientras que el censo de 1933 aún no contemplaba las bizantinas distinciones sobre el grado de judaísmo, el de 1939 consignaba incluso la ascendencia de un solo abuelo judío. Oficialmente, en la Alemania nazi estos datos estaban reservados a fines estadísticos. Sin embargo, se transferían a los archivos de la Policía (ya en manos de las SS), con nombre, apellido, profesión, grado de contaminación racial y cambios de domicilio. Los utilizarían en la Conferencia de Wannsee, en la que se decidió la «solución final».

7
EL LOBO SE VISTE DE CORDERO

¿Hitler, moderado? Siempre que pueda sacar beneficio de ello. Se muestra así para congraciarse con los industriales. Luego, para lograr el poder de gobernar sin el Parlamento. Lo traen sin cuidado las comparecencias ante jueces, las usa para hacer propaganda. Consigue incluso que lleguen a considerarlo «un hombre de paz». Solo cuando empezó la guerra se atrevió a llamar «borracho» al hombre «que gobierna Inglaterra», esto es, a Churchill.

Una de las cosas que me parece revivir cuando viajo a 1933 desde el presente es la constante alternancia de momentos de extrema agresividad y momentos de aparente moderación y sensatez. Sauna y ducha fría. «Avanzaremos cueste lo que cueste», «nadie puede detenernos», «sin concesiones». Y al cabo de un rato: «hablemos», «vamos a negociar», «mirad qué generosos y razonables somos». Hoy están en las barricadas, subversivos, violentos, y mañana aseguran acatar las reglas del juego democrático, moderados y respetuosos.

Justo antes de que Hitler llegara a la cancillería hubo un momento de moderación, destinado a tranquilizar especialmente a los industriales. Invitado por el magnate del acero Fritz Thyssen, Hitler había participado en una asamblea de aquellos en Düsseldorf, en el corazón de la cuenca del Ruhr. Para la ocasión se había puesto un traje azul y se había quitado del brazo la banda con la esvástica. También resultó sorprendentemente moderado el discurso a la nación que pronunció por radio el 1 de febrero, apenas asumido el cargo de canciller. Un discurso sosegado, comedido, de hombre de Estado, en las antípodas de las fanáticas y beligerantes diatribas a las que su público estaba acostumbrado. Apeló a la unidad nacional. Se declaró absolutamente comprometido con «la preservación y el mantenimiento de la paz, que el mundo necesita ahora más que nunca». Expresó sus «más sinceros deseos de bienestar para Europa y para el mundo entero». Un día señor Hyde, al día siguiente doctor Jekyll.

EL LENTO SUICIDIO DEL PARLAMENTO

Otro episodio de moderación relevante se vivió en marzo de 1933. Hitler solicitaba que le otorgaran plenos poderes, a saber, la capacidad de promulgar cualquier ley sin consultar siquiera al Parlamento. El título de su propuesta casi sonaba neutro: «Ley para remediar las dificultades del pueblo y del Reich». Llegó tras semanas de fuego y plomo. Ya se habían producido los arrestos masivos de opositores; Göring había dado la orden de «disparar en el acto» a la que ya era «su» fuerza policial, que habían potenciado con la incorporación de energúmenos de las milicias nazis; se había ilegalizado el Partido Comunista y creado la *Geheime Staatspolizei*, la Policía Secreta luego conocida como Gestapo, confiada a incondicionales de las SS. En ese punto Hitler podría haber dicho: ahora nos quedamos con todo.

En cambio, buscó legitimarse obteniendo plenos poderes. Para ello, necesitaba una mayoría de dos tercios, y los pidió con una argumentación aparentemente moderada y «razonable»: Alemania debía afrontar la crisis económica interna y mundial con una demostración de unidad política que le otorgara mayor peso en los órganos internacionales, más voz en las negociaciones en curso con otras potencias europeas.

En ese momento a los nazis les preocupaba particularmente la mala prensa del nuevo Gobierno en el exterior (dentro del país ya habían resuelto ese problema, por las buenas, amenazando y chantajeando a los directores de periódicos no amigos, o por las malas, cerrándolos y deteniendo a responsables y periodistas). Una imagen desfavorable podía arruinar el intenso trabajo de relaciones públicas que habían realizado en el extranjero y enturbiar la apariencia de fortaleza y unidad nacional que necesitaba. A fin de ofrecer esa imagen, tendieron la mano incluso a los enemigos acérrimos, a aquellos a los que llamaban despectivamente «marxistas», es decir, los socialdemócratas del SPD. Estos respondieron que apoyarían cualquier «propuesta positiva», tanto en el ámbito nacional como en política exterior, con una condición: que se ciñera a la letra y el espíritu de la Constitución. Los plenos poderes que reclamaba Hitler atentaban contra el papel que la Constitución de Weimar asignaba al Parlamento, y en la práctica lo desapoderaba. Entre clamores y silbidos de los matones nazis que ocupaban la cámara, los socialdemócratas anunciaron que por eso votarían en contra. Estaban solos en la oposición. Los 87 diputados comunistas ya habían sido arrestados o forzados a refugiarse en la clandestinidad. Todos los demás partidos habían capitulado, incluido el *Zentrum* católico, que sin embargo había rechazado formar parte del gabinete de Hitler.

El primero en intervenir y explicar el voto de su partido fue el presidente del SPD y portavoz de grupo parlamentario, Otto Wels. Alguien le había advertido que se jugaba la vida, le había rogado que no se expusiera, que delegara en un representante más joven. Ocho diputados del SPD ya habían sido arrestados, uno de ellos había acabado en el hospital después de recibir una paliza de las SA, ahora oficialmente reconocida como «Policía Auxiliar». Solo 94 de los 120 diputados socialdemócratas habían logrado entrar, flanqueados de vociferantes milicianos nazis, en la Ópera Kroll, donde se había constituido provisionalmente el Parlamento tras la destrucción del Reichstag. Göring presidía la reunión. A su espalda se distinguía una enorme bandera con la esvástica. Miembros uniformados de las SA ocupaban los palcos, incluso rondaban entre los diputados coreando «¡Queremos los plenos poderes, o lo pagaréis caro!». Wels, desmintiendo su fama de burócrata gris, pronunció un buen discurso: «No conseguiréis hacer retroceder la rueda de la historia [...] Nosotros, los socialdemócratas, nos comprometemos solemnemente a defender los principios de humanidad y justicia, libertad y socialismo», declaró dirigiéndose al Gobierno. Y se quedaron solos. La «Ley de concesión de plenos poderes» fue aprobada con 444 votos a favor y 94 en contra.

Así se suicidó el Parlamento de la República de Weimar. Pero, en realidad, el suicidio había empezado mucho antes. Al menos desde 1929 el Reichstag ya no era el lugar donde se manifestaba la soberanía popular. Las decisiones fundamentales se habían convertido gradualmente en prerrogativa de un círculo cada vez más estrecho. Antes los partidos determinaban las medidas cruciales y los parlamentarios, en representación del pueblo, las ejecutaban votando conforme a lo que se les ordenaba. Después perdieron toda relevancia las direcciones y las secretarías de partido, hasta que finalmente ni siquiera los ministros contaban para nada. En 1932, el rumbo de los gobiernos, las alianzas y los acuerdos de las cumbres lo marcaba ya un reducidísimo número de personas. Dentro y fuera de los partidos, e incluso más fuera que dentro del Gobierno. Estaban los que hoy denominamos «poderes fácticos», el Banco Central, otros banqueros, grupos de presión, representantes de la gran industria, de empresas, asociaciones o grupos de intereses privados. Por ejemplo, la RDI (*Reichsverband der Deutschen Industrie*, la confederación de la industria alemana), por un lado, y los sindicatos, por otro, influían y decidían más que el Parlamento entero. Los sindicatos preferían negociar directamente con la patronal antes que pedir reformas en la legislación. Todos preferían confiar en la experiencia de los *think tanks* privados a recurrir a los diputados del Reichstag. Habría sido un momento dorado para Casaleggio Associati.[1] Un grupo de interés especial, que los demás debían tener presente, eran las Fuerzas Armadas.

Al Partido Nacionalsocialista lo favorecía el hecho de contar con un líder indiscutido e indiscutible, que estaba dispuesto a erradicar cualquier disidencia interna, a aplastar sin piedad e incluso a eliminar físicamente a todos los rivales potenciales, a cualquier sospechoso de desobediencia o de desafío a su autoridad. Si había que negociar con terceros se encargaba únicamente él o alguien de su máxima confianza.

El Parlamento ya había sido desapoderado de facto mucho antes de que Hitler lo volviera formalmente inne-

1. Empresa de marketing digital fundada por Gianroberto Casaleggio, que creó, catapultó y controló desde la sombra el Movimiento 5 Estrellas, y fue pionero de la agitación política en internet en aras de una presunta «democracia horizontal». Ofreció también sus servicios al ultraderechista Nigel Farage, impulsor del Brexit.

cesario al habilitarse los plenos poderes. Los gobiernos precedentes habían abusado sistemáticamente del artículo 48 de la Constitución de Weimar, que permitía —aunque solo en casos excepcionales— legislar por decreto presidencial, en lugar de con leyes debatidas y aprobadas por el Parlamento. Así había procedido sistemáticamente el Gobierno de Brüning, «tolerado» (en la práctica, apoyado) por los socialdemócratas. En 1930, el Reichstag había promulgado 98 leyes, y el presidente, 5 por decreto. En 1931, el Parlamento había aprobado 32 leyes, frente a 44 decretos presidenciales. En 1932, solo 5 leyes habían pasado por la cámara, mientras que los decretos presidenciales se habían disparado a 66.

CALLAR POR AMOR A LA PATRIA

Los nazis acusaban a los socialdemócratas de actuar en contra de los intereses nacionales, de difundir en el extranjero noticias falsas y negativas sobre la situación de Alemania, de minar la fortaleza de la moneda, de hacer peligrar la economía interna. Wels negaba que fueran los socialistas los que criticaban a Alemania y le daban mala imagen. «Con los contactos internacionales que tiene su partido no debería costarle restituir la verdad [...] tengo mucha curiosidad por ver cuánto valen sus redes internacionales», le soltó Hitler sardónico desde la bancada del Gobierno. Se trataba de un chantaje, una propuesta de regateo: si usted guarda silencio y defiende nuestra imagen en el extranjero, nosotros le dejamos respirar. El concepto fue reiterado días más tarde por Göring en una reunión con la prensa extranjera. Había acudido a él otro dirigente del SPD, el expresidente del Reichstag Paul Löbe, para pedirle que levantara la prohibición de los periódicos socialistas.

Él le dijo que tuviera un poco de paciencia y añadió con ironía: «¿De qué les serviría poder imprimir el *Vorwärts* si después las SA atacaran a los distribuidores y quemaran los ejemplares?». Wels estaba convencido de que podía negociar con los nazis la supervivencia del partido y de su prensa, cuyo cierre había dejado en la calle a diez mil empleados. Pero la de Göring era una mentira como tantas otras: el *Vorwärts* nunca reanudó la actividad. En cuestión de semanas también fue ilegalizado el Partido Socialdemócrata. En julio le siguieron todos los demás partidos, incluidos los que habían votado a favor de otorgar plenos poderes a Hitler. En un intento de apaciguar a los nazis, Wels había llegado a solicitar oficialmente a la Internacional Socialista que no publicara más artículos «falsos» y «exagerados» acerca de las persecuciones que se sufrían en Alemania y las «presuntas atrocidades» cometidas por las hordas nacionalsocialistas. La Internacional, con razón, se negó a que la condicionaran, y Wels decidió retirar de ella al representante del SPD, con la consiguiente polémica.

Una pretendida Asociación de Judíos Nacionales Alemanes fue aún más lejos. Editó un libro entero, traducido a varios idiomas, para desmentir que hubiera persecución. Se titulaba *¡La propaganda del horror es una propaganda de mentiras!* ¡Víctimas defendiendo a sus verdugos! En *La tercera noche de Walpurgis*, ya mencionada, se recogen las anotaciones y los mordaces comentarios que escribió Karl Kraus acerca de los horrores y las estupideces de los que le informaron desde Alemania entre mayo y septiembre de 1933 (debían conformar un cuaderno especial de su revista, *Die Fackel* [«La antorcha»], pero tuvieron que esperar al final de la guerra para ver la luz). El brillante polemista vienés consideraba ese libro acerca de la propaganda como la gota que colmaba el vaso: «¿Qué no será posible en un manicomio donde el enfermo puede agredir a la enfermera y convertirse inmediatamente en Presidente del Consejo de Ministros?».

En realidad, la única «exageración» consistía en fingir que todo transcurría con normalidad y en creer ingenuamente que era viable un pacto pacífico con los nazis. Y las «atrocidades» existían. En las imágenes del 21 de marzo de 1933 vemos a Hitler vestido de civil inclinando la cabeza ante un presidente de la República, Hindenburg, en uniforme militar. Hasta poquísimo antes la propaganda nazi lo vilipendiaba por negarse a nombrar canciller a Hitler y exigía su destitución. Aquel mismo día se inauguró en Dachau, a unos veinte kilómetros de Múnich, el primer campo de concentración para opositores políticos. Lo anunció a la prensa Himmler, en calidad de flamante presidente de la Policía de Múnich, con fotografías que mostraban cuán ameno era el lugar e insistiendo en la humanidad del trato dispensado a los primeros cinco mil prisioneros «comunistas» y otros «enemigos del Reich». Según él, así se paliaba el hacinamiento carcelario. Los huéspedes serían retenidos solo el tiempo necesario para su «reeducación». Cuando empezaron a encerrar a los judíos, aseguraban que era una medida para «protegerlos» del furor del pueblo. El campo ya lo administraban las SS, ahora integradas en la Policía del Estado. Se trataba de un *Lager* modélico, tanto que al principio incluso organizaban visitas turísticas.

Entretanto, en Berlín seguían funcionando a pleno rendimiento las salas de tortura «oficiosas» gestionadas por las SA. Así las describió no un opositor ni una víctima, sino el entonces jefe de la Gestapo, Rudolf Diels, recién nombrado por Göring, cuando las observó por primera vez: estancias oscuras y desnudas de las que habían retirado los muebles, con el suelo cubierto de paja manchada de sangre y orina; los prisioneros, reducidos a esqueletos, desnutridos, deshidratados, con la cabeza caída sobre los hombros, «como marionetas», obligados a permanecer de pie durante días, sin agua ni comida, entre una y otra sesión de tortura, entre las palizas que propinan por turnos una docena de bestias de las SA con barras de hierro, mangueras de goma, látigos de cuero... «Un infierno peor que los de el Bosco y Pieter Brueghel», comenta Diels en las memorias que publicará después de la guerra, *Lucifer ante portas*.

Quizá el lector se preguntará por qué hablo de esto, si hoy en día no hay salas de tortura, o eso parece. Y si alguien de las fuerzas del orden comete un delito, se lo juzga y penaliza. No hay campos de concentración, solo centros de acogida para extranjeros irregulares. ¿No es así? Pero el *déjà vu* se oculta en un detalle aparentemente menor: la minimización, la negación de todo, incluso de las pruebas. Quien denuncia o relata algo que no gusta «miente» por definición. Son «fábulas», «exageraciones», «invenciones», pura propaganda malintencionada para perjudicar al Gobierno del cambio.

A LA OPOSICIÓN, NI LÍDER NI CONGRESO

Llegados a ese punto, ¿qué fue de la oposición? Los socialdemócratas estaban enfrascados en sus disputas internas, mientras su colosal formación se evaporaba a una velocidad impresionante: las raíces que habían echado en lo más profundo de la sociedad alemana se desintegraban una tras otra; se hacía pedazos la *Reichsbanner*, la potentísima formación de autodefensa y organización del tiempo libre; también el Frente de Hierro antifascista, con su símbolo de las tres flechas atravesando la esvástica, así como las juventudes socialdemócratas y los sindicatos, que contaban con millones de afiliados. Habían sido el partido más sólido de la izquierda, un partido de Gobierno. Una de las grandes incógnitas para los historiadores es por qué, a diferencia de lo que había ocurrido una década antes, casi no hubo reacción, ninguna movilización popular contra la «toma del poder» de los nazis.

Se produjo una fractura entre los dirigentes socialistas que habían buscado refugio en el extranjero y los que habían permanecido en Berlín. A finales de abril, estos habían convocado a una conferencia nacional a un limitado número de delegados de cada distrito del país, en una sala del Reichstag que había sobrevivido al incendio. Ni siquiera intentaron llamarlo «congreso». Los nazis no pusieron trabas; evidentemente, tenían poco que temer, y podían valerse de la debilidad de los adversarios. Los socialdemócratas polemizaban con el resto de la oposición, discutían, lanzaban airadas recriminaciones, en lugar de procurar comprender lo que había ocurrido, buscar soluciones y unirse frente a los nazis. Lograron tomar una sola decisión: relevar a la vieja dirección entregando el partido a tres funcionarios que tenían 31, 32 y 45 años respectivamente. El partido en el exilio tenía una facción en Suiza, otra en Praga y otra en París, todas peleadas a muerte. La celeridad de esta desintegración desconcierta incluso a los historiadores más afines a la izquierda socialdemócrata. Una de las explicaciones que se han barajado es que fueron incapaces de designar a un líder carismático que supiera imponerse a las numerosas corrientes del partido del mismo modo en que Hitler había acallado las disidencias en el seno del nacionalsocialismo y acabado con la aún mayor pluralidad del bloque de derechistas y populistas.

No fue Hitler sino Hugenberg el que, en la primera reunión del nuevo Gobierno, propuso ilegalizar inmediatamente al Partido Comunista y arrestar a sus dirigentes y diputados. Hitler y Göring se opusieron argumentando que no era el momento oportuno, pues se arriesgaban a que estallaran disturbios. ¿Quién era el moderado y quién el extremista? La idea de Hugenberg obedecía a un objetivo práctico: creía que, al suprimir la representación comunista en el Reichstag, formarían una mayoría sin necesidad de nuevas elecciones. La moderación de Hitler también respondía a una táctica: quería una repetición electoral para reducir a su aliado. En cualquier caso, la persecución de los comunistas ya había empezado. Fueron detenidos numerosos dirigentes, diputados y militantes. El partido pasó a la clandestinidad, a la que ya estaban acostumbrados. Y se dedicaron largo tiempo a denunciar «el plan del gran capital» y la responsabilidad de los socialdemócratas en la catástrofe, a distraerse con las reyertas en el interior de la dirección. Hasta que Stalin se encargó de poner orden. El castigo por sus «errores políticos» fue terrible. Cinco de los miembros del politburó del KPD fueron asesinados por los nazis. Pero hasta siete por sus camaradas soviéticos. De los 68 miembros del Comité Central que huyeron a la URSS para continuar la lucha, 41 (casi dos tercios) acabaron recluidos en gulags o fusilados. En los años de las purgas, el luxemburguismo se consideraba una variante del traidor trotskismo. Después, todo refugiado alemán era considerado al instante un espía de los nazis. Tras la firma del Pacto Molotov-Ribbentrop en 1939, los soviéticos entregaron a Hitler a los prisioneros alemanes que permanecían en campos de concentración.

Entre los testimonios más conmovedores de este triste episodio figuran las memorias de Margarete Buber-Neumann, *Prisionera de Stalin y Hitler*. Margaret se había casado con el hijo de Martin Buber, pero no lo siguió a Palestina cuando emigró con sus hijas. Militante y funcionaria comunista, se había hecho compañera de uno de los máximos líderes del KPD, Heinz Neumann. Cuando Hitler llegó al poder, la pareja huyó a Moscú. Residían en el Hotel Lux, junto con los otros dirigentes del Comintern. En 1937, Neumann fue arrestado por la NKVD. Nadie volvió a saber de él. No hay información fiable sobre la fecha, el lugar y las circunstancias de su muerte. ¿De qué era culpable? ¿De haber cuestionado en 1932 la ruptura con los socialdemócratas que había impuesto Stalin? ¿O de haberla llevado a cabo con demasiado celo? Tampoco se sabe. Todavía en Moscú, Margarete procuró por todos los medios obtener noticias de su marido, en vano. Luego cometió otro error: intentó recuperar su pasaporte alemán, que, como al resto de los huéspedes del Lux, le habían retirado a su llegada. Tal vez deseaba reunirse con su hermana Babette, esposa de Willi Münzenberg, un importante agente del Comintern que había logrado que lo destinaran a París. Pero Margarete fue detenida y enviada a Siberia. Desde allí fue trasladada de vuelta a Alemania; los nazis la internaron en el campo para mujeres de Ravensbrück, donde trabó amistad con la periodista y escritora Milena Jesenská, injustamente recordada solo como novia de Kafka.

CÓMO DOMESTICARON A LOS SINDICATOS

Hitler socavó más aún a la izquierda jugando la carta de la integración del mundo proletario (que ya formaba buena parte de su electorado) y de los sindicatos. Reinstauró el Primero de Mayo, el Día de los Trabajadores, que los gobiernos anteriores habían abolido por cuestiones de seguridad, añadiéndole un adjetivo: «Alemanes». Los miembros de los sindicatos de izquierda volvían a marchar con banderas rojas, pero ahora estas incluían la esvástica. Theodor Leipart, el presidente de la Confederación de los Sindicatos Alemanes, la *Allgemeine Deutsche Gewerkschaftsbund*, con tres millones y medio de afiliados y hasta entonces vinculada al SPD, declaró su organización «neutral» políticamente y afirmó que juzgarían al nuevo Gobierno «por los hechos», es decir, por sus políticas económicas y laborales.

En realidad, el Gobierno ya había tomado una decisión y varios dirigentes gremiales habían negociado la fusión de las asociaciones de trabajadores en un sindicato único, bajo control nazi. Gran parte de los antiguos líderes se unieron por convicción, algunos con entusiasmo. Podríamos justificarlos considerando que se adaptaron a sus bases. Obreros, oficinistas y desempleados hacía tiempo que habían abandonado en masa a la izquierda para votar al partido de Hitler. ¿Parece increíble? Según leí, en 2018, un tercio de los cuadros de la Confederación General Italiana del Trabajo (CGIL, por sus siglas en italiano) simpatizaban con la Liga de Salvini o con el Movimiento 5 Estrellas, o habían votado por uno de ellos. No me lo creo. Pero los sucesos del 33 me sugieren que no es imposible. Entonces, los que no estaban dispuestos a adaptarse, o no eran de pura raza germánica, se veían marginados o algo peor. El propio Leipart, que en 1933 tenía más de sesenta años, fue recluido en una sala de tortura de las SA en Berlín. El 9 de mayo, poco después del Primero de Mayo «unitario», que debía conciliar a los nazis con las organizaciones obreras, fue sometido a una investigación por «traición». Aunque esta quedó inconclusa, enviaron a Leipart a un *Lager* «para su protección». Fue liberado a causa de su mala salud. Pero le quitaron la pensión.

GENTILEZA HACIA LOS JUDÍOS

Hubo un periodo en el que parecía que Hitler había dejado de hostigar a los judíos. Desde enero de 1933 no los mencionaba explícitamente en sus discursos. A decir verdad, ya durante las campañas electorales de 1932 apenas había hablado de la «cuestión judía». Pero el antisemitismo estaba en el ADN de su partido, y los que se encargaban de avivarlo eran los otros, el *Der Angriff* de Goebbels y el *Stürmer* de Julius Streicher, mientras las SA coreaban «Afilad los cuchillos / hundámoslos en el pecho del hebreo / nos cagamos en la libertad de esta República judía».

A simple vista, el Gobierno se distanciaba de los cotidianos episodios de detenciones arbitrarias, intimidaciones, humillaciones, saqueos en las propiedades y los negocios judíos y en las sinagogas. Eran «espontáneos», afirmaban. El 9 de marzo, pocos días después de las elecciones, unos escuadrones de Camisas Pardas invadieron el barrio judío de Berlín e hicieron una redada contra judíos orientales. El Gobierno no presentó objeciones: al fin y al cabo, se trataba de una operación policial contra inmigrantes ilegales. Del mismo modo, todos permanecieron impasibles ante las batidas y los registros en viviendas de judíos sospechosos de poseer armas. Realizaban arrestos incluso cuando hallaban reliquias de guerra, como sables de oficial guardados junto a medallas al valor. Nada importaba que les mostraran certificados de tenencia, licencias en regla, tal vez recién renovadas. El judío era delincuente y terrorista por definición, aunque se tratara de un profesional consagrado, como un juez o un abogado. O que hubiera sido comisario o jefe de Policía. Por ejemplo, la mañana posterior al nombramiento de Hitler como canciller se había emitido una orden de detención contra Bernhard Weiss, subdirector de la Policía de Berlín. Indudablemente, lo habrían enviado a Dachau si no hubiera abandonado ya el país. Weiss no era un hombre de izquierdas. Al contrario, era un diligente funcionario del Estado. Pero no le perdonaban que fuera judío (en los mítines, Goebbels se burlaba de él llamándolo Isidore) y que formara parte de las instituciones (es decir, un leal servidor de la República «judía»).

Cuando invadieron los tribunales de Breslavia y expulsaron a los jueces y los abogados judíos, se alegó que había sido una «acción independiente», no autorizada. Hitler seguía sin mencionar la «cuestión judía». Sin embargo, cuando las organizaciones hebreas de Estados Unidos y del resto de Europa lanzaron un boicot a los productos alemanes, fue él quien ordenó a Streicher, el más rabioso antisemita de las filas nazis, que impulsara por su parte un boicot masivo a las tiendas, los grandes almacenes y los despachos de profesionales judíos. «Alemanes, defendeos. No compréis nada a los judíos», rezaba la consigna. Goebbels lo presentó como una respuesta a la «declaración de guerra económica» que había realizado «el judaísmo mundial».

Por orden expresa de la Cancillería, el boicot económico duró solo nueve horas del día de su proclamación, el 1 de abril de 1930. Había provocado un desplome en la Bolsa de Berlín. La prensa norteamericana informó de que el ministro de Exteriores, Von Neurath, había amenazado con dimitir si se mantenía ese rumbo. Alemania estaba precipitándose hacia la bancarrota. El vicecanciller, Von Papen, instó al presidente Hindenburg a intervenir. Aparentemente, este habría llamado a Hitler, le habría «echado una bronca» y exigido que detuviera el boicot, con la amenaza de proclamar la ley marcial y hacer caer el Gobierno. No hay pruebas de que ocurriera así. Lo más probable es que se trate de una invención periodística para explicar que Hitler accediera a seguir los consejos de moderación. Pero esto me recuerda a los convulsos momentos de 2018, cuando la Comisión Europea amenazó con sanciones a una Italia con la prima de riesgo desbocada y acechada por el fantasma del impago, hasta que el Gobierno de Conte y Salvini abandonó la actitud desafiante y aceptó negociar con Bruselas.

En Alemania no habían cesado las polémicas. En un discurso ante la Federación de Médicos Alemanes, Hitler arremetió contra las protestas en Estados Unidos, sosteniendo que los americanos eran los últimos que podían permitirse criticar el antisemitismo alemán, porque habían sido «los primeros en obtener ventajas prácticas y políticas de las diferencias entre razas». Y no dejó de mencionar que eran las leyes de inmigración estadounidenses las que impedían la entrada de «supuestos refugiados judíos de Alemania». Tal vez yo esté obsesionado, pero esto me trae a la mente los «mira quién habla» que se lanzaban contra Francia en respuesta a las críticas de Emmanuel Macron a las políticas de inmigración italianas.

NADIE PUEDE JUZGARME

Hitler y el resto de los dirigentes nazis se sentían como en casa en los procedimientos judiciales. Sobre todo en los que se celebraban en contra de ellos. Habrían estado «absolutamente tranquilos» si les hubieran pedido autorización antes de llevarlos a los tribunales. De hecho, era lo que esperaban y sabían aprovecharlo. Eran habituales de las salas de audiencia, maestros en sacar rédito político de los juicios, que convertían en tribunas de propaganda. Empezando por aquel en el que se habían sentado en el banquillo de los acusados por el *Putsch* de la Cervecería de Múnich, de 1923, que acabó con condenas bastante leves.

Hitler había protagonizado un gran espectáculo en Leipzig en 1930, durante un juicio contra tres jóvenes oficiales encausados por haber promovido una intervención militar a favor de los nazis. Él se desmarcó de los miembros del partido que «tonteaban con la palabra "revolución"» y recalcó que su movimiento aspiraba al poder siempre dentro de la estricta legalidad constitucional. Añadió que preveía conquistar la mayoría parlamentaria al cabo de dos o tres rondas electorales. «Entonces sí que moldearemos el Estado a nuestra voluntad», y «rodarán muchas cabezas», concluyó entre aplausos y vítores que el presidente del tribunal interrumpió, amonestando al público y recordando que no se encontraban «ni en el teatro ni en un acto político».

En mayo de 1931, un joven abogado judío, que aún no había cumplido veintiocho años, había logrado llevar a Hitler ante la justicia en Berlín. No como acusado, sino como testigo en un proceso contra tres militantes nazis que habían atacado el Tanzpalast Eden, una sala de baile frecuentada, según ellos, por extranjeros y comunistas. Aunque no había sido el episodio más sangriento del momento, la presencia del Führer en el juicio lo convirtió en un acontecimiento mediático: fotógrafos y periodistas invadieron la Sala de lo Penal, en el barrio de Moabit. El abogado de la acusación civil, que representaba a los heridos en el asalto, lo había convocado como persona conocedora de los hechos. Hitler apareció enfundado en un traje azul, no con el uniforme de costumbre, lo cual ya resultaba significativo. Cuando entró en la sala 664, el presidente del tribunal tuvo que ordenar silencio a los simpatizantes que se habían alzado para hacer el saludo nazi. A continuación, el abogado formuló la primera pregunta al testigo. Quiso saber si le constaba que hubiera brigadas de escarmiento organizadas por su partido.

Hitler lo negó enérgicamente. Como en otras ocasiones, aseguró que el Partido Nacionalsocialista rechazaba la violencia y se ceñía rigurosamente a los métodos legales de lucha política. Dijo que el único cometido de su SA, la *Sturmabteilung* o Sección de Asalto, era defender al partido frente a los «asesinos rojos» (a lo que el presidente del tribunal le rogó que moderara el lenguaje). Insistió: «No me gusta la Constitución actual. Pero soy consciente de que llegar al poder de forma inconstitucional implicaría un baño de sangre. Si arrastrara a mis seguidores a semejante desgracia, traicionaría la confianza que han depositado en mí...».

Sereno pero implacable, el abogado de la acusación, informes y recortes en mano, continuó pidiéndole explicaciones acerca de las incongruencias entre lo que declaraba y lo que él mismo había afirmado en otras circunstancias y recogían a diario las publicaciones nazis. Si aquello era cierto, si el Partido Nazi respetaba la legalidad, ¿por qué Goebbels se empecinaba en que «iban a hacer la revolución», a «mandar al diablo al Parlamento» y a asegurarse de que sus oponentes sintieran «los puños de los alemanes»? El interrogatorio duró tres horas. Hasta que Hitler perdió los estribos y empezó a despotricar.

El abogado, Hans Litten, lo pagaría caro: sufrió un auténtico linchamiento por parte de la prensa nazi. Fue insultado, amenazado y llegaron a vengarse atacando a su familia, acusando a su padre de evasión fiscal. Como muchos de sus colegas implicados en juicios políticos en los años veinte, Litten tenía un espíritu combativo, y los socialistas lo acusaban de «politizar» y «convertir en espectáculo» la justicia. En efecto, la consigna del Partido Comunista era «no limitarse a reducir las condenas, sino convertir cada juicio en un escenario de la revolución». Aunque él no era comunista, había destacado como defensor en todos los procesos abiertos contra militantes de la izquierda revolucionaria. Cuando los nazis accedieron al poder, lo enviaron a un campo de concentración donde fue sometido a una brutalidad inenarrable. Se suicidó (o eso dijeron sus torturadores) en Dachau.

En 1932, un año después del juicio del Eden, Hitler se arrancó la máscara de moderación y defendió vehementemente a unos militantes nazis que habían asesinado a un trabajador comunista, inmigrado de Polonia, durante una incursión de escarmiento en la aldea minera de Potempa, en la Baja Silesia. En la prensa nazi se afirmaba que «era un honor defender a los que habían silenciado a ese polaco». Las nuevas leyes para frenar la violencia política habían introducido la pena de muerte para esta clase de delitos. Von Papen, que por entonces era canciller y no quería enemistarse demasiado con Hitler, conmutó la pena por cadena perpetua. En 1934, los asesinos de Potempa iban a ser amnistiados. Desde luego, en ese momento a Hitler le convenía mostrar su crueldad.

La independencia del poder judicial quedó herida de muerte en 1933. Ningún magistrado impugnó los decretos de emergencia. Cuando jueces y abogados judíos o socialdemócratas fueron apartados de sus puestos, ningún colega protestó. Al contrario, reinó cierta satisfacción por las vacantes y por la posibilidad de hacer carrera. En 1934 se crearon los «Tribunales Populares», un viejo sueño del nazismo más virulento. El filósofo Carl Schmitt defendió que Hitler encarnaba la justicia, la justicia viva que emanaba del pueblo, no aquella que se empantanaba en «sofismas». «El Führer siempre es también el Juez [...] No está subordinado a la Justicia, sino que él mismo es la Justicia», sostuvo el «ilustre jurista» para legitimar la Noche de los Cuchillos Largos, en la que Hitler se arrogó a un tiempo el papel de fiscal, juez, jurado y verdugo.

UN «HOMBRE DE PAZ»

En la escena internacional, Hitler se presentaba como «un hombre de paz». No amenazaba con dejar de pagar las deudas de Alemania, ni con abandonar la mesa de la Conferencia de Desarme que tuvo lugar en Ginebra u otras organizaciones internacionales. Y aún menos con atacar, conquistar o someter por la fuerza a pueblos «inferiores».

No empleaba un lenguaje violento o insultante en los enfrentamientos con otros líderes mundiales. No se habría atrevido a llamar borracho o burócrata a ninguno de ellos, por más que los detestara. Eso lo haría mucho después, bien entrada la guerra. En concreto, el 30 de enero de 1942, cuando, en un discurso emitido y retransmitido por radio (el mismo en el que prometió «ojo por ojo, diente por diente» a los judíos), la tomó con «el borracho que gobierna Inglaterra» (Churchill) y el «loco de la Casa Blanca» (Roosevelt).

Ese esfuerzo por parecer un inocente cordero era absolutamente deliberado. El Führer en persona lo explicó en 1938 durante un encuentro con un selecto grupo de periodistas alemanes:

> Durante décadas, las circunstancias me obligaron a hablar casi exclusivamente de paz. Porque solo enfatizando sin cesar un deseo de paz y unas intenciones pacíficas podía reunir los requisitos para el paso siguiente. Por descontado, esta propaganda pacifista repetida machaconamente durante décadas podía tener efectos indeseables. Por ejemplo, podría haber dado la falsa impresión de que nuestro régimen estaba dispuesto a preservar la paz a cualquier precio y bajo cualquier condición [...] Pero ha llegado el momento de ir preparando psicológicamente al pueblo alemán para que asuma el hecho de que hay cosas que no pueden conseguirse por medios pacíficos. Hay cosas que solo se consiguen mediante el uso de la fuerza...

En los meses siguientes a su nombramiento como canciller, el «hombre de paz» logró engañar a casi toda la prensa extranjera y a los líderes de medio mundo. Pero no al filólogo Victor Klemperer:

> Durante la Primera Guerra Mundial, los Aliados creyeron ver en nuestro himno, «Deutschland über alles», la prueba de nuestra vocación de conquista, pero se equivocaban: este «über alles» [por encima de todo] no expresa una voluntad de expansión sino una valoración positiva del sentimiento del patriota hacia su país. Más desagradable era oír a los soldados cantar «Queremos, victoriosos, vencer a Francia, a Rusia y al mundo entero». Sin embargo, ni siquiera esto es una prueba válida de un auténtico imperialismo [...] no se habla de la anexión de territorios enemigos [...] Pero véase en cambio uno de los cantos más característicos del Tercer Reich, que ya en 1934 se recogía en el *Singkamerad*, una compilación de canciones para las escuelas juveniles alemanas [...] «Tiemblan los huesos descompuestos / del mundo ante la guerra roja. / Hemos doblegado el gran miedo, / qué gran victoria para nosotros. / Continuaremos marchando / cuando todo esté en ruinas / porque hoy nos pertenece Alemania / y mañana el mundo entero». La canción estuvo muy en boga inmediatamente después del triunfo interior, es decir, de la llegada al poder de Hitler, que en cada discurso insiste en su voluntad de paz. No obstante, en la canción se habla de conquistar el mundo aunque todo acabe en ruinas. Y, para que no quepa ninguna duda respecto a este afán expansivo, en las dos estrofas siguientes se repite que «[reduciremos] el mundo a un montón de escombros», primero, y luego, que en vano «los mundos» (¡en plural!) se opondrán. Aparte, el estribillo repite tres veces que el mundo entero será suyo mañana. El Führer pronunciaba un discurso pacifista tras otro, mientras que en la *Hitlerjugend*, las juventudes de Hitler, mayores y pequeños, chicos y chicas se veían obligados a cantar esta delirante letra.

Klemperer también relata cómo, después de la guerra, al concluir una conferencia sobre la *Lingua Tertii Imperii*, un oyente le preguntó con muy malos modos por qué pretendía «calumniar a los alemanes» atribuyéndoles un afán de dominación que no estaba en absoluto presente en la canción. «Seguro que se equivoca, profesor. Le traeré el texto correcto». En efecto, al día siguiente su interlocutor le llevó una edición posterior del *Singkamerad*, de 1942-1943, publicada por la Organización de Ayuda Invernal del Pueblo Alemán, en la que se había retocado la canción: «hoy nos pertenece [*gehört*] Alemania, mañana el mundo entero» había sido sustituido por el mucho más inocente «hoy nos escucha [*hört*] Alemania, mañana el mundo entero». De hecho, en ese año, cuando el mundo ya había sido reducido a escombros y el Ejército nazi, tras haber conquistado gran parte de Europa, habría llegado a Moscú de no haber sido detenido en Stalingrado, se había añadido una cuarta estrofa, en la que se deploraban las malévolas interpretaciones del texto original: «No quieren entender el significado de la canción, piensan en guerra y esclavitud, / mientras nuestros campos maduran, ondea, estandarte de la libertad. / Continuaremos marchando cuando todo esté en ruinas, / la libertad se ha alzado en Alemania y mañana el mundo le pertenecerá».

La metamorfosis de la primera sílaba de «*gehört*» bastaría para demostrar la superioridad de la filología sobre la diplomacia y el periodismo. Pero no era necesario ser filólogo, y mucho menos profeta, para intuir hacia dónde estaban encaminándose. Habría bastado con hacer memoria para recordar el contenido de los discursos y las consignas de los nazis justo antes de que asumieran el Gobierno (ellos lo llamaban *Machtergreifung*, «la toma del poder». En este caso, el *déjà vu* remite a una enfermedad extendidísima, una auténtica pandemia: la amnesia, el alzheimer del pueblo, la pulsión de olvidar y hacer olvidar lo que se decía poco antes.

La ilusión de que en realidad Hitler era un moderado, que jugaba a complacer a sus bases pero en el fondo quería negociar y no dividir, que deseaba la paz y no otra guerra, se mantuvo hasta el último momento. Chamberlain fue absolutamente sincero y estaba del todo convencido cuando, a su regreso a Londres desde Múnich, en 1938, agitó el pedazo de papel en el que había firmado junto con Hitler el compromiso de que Alemania e Inglaterra jamás volverían a entrar en guerra y pronunció las famosas palabras: «He aquí la paz de nuestro tiempo». Y pensar que ya en octubre de 1933 Alemania había abandonado tanto la Conferencia Internacional de Desarme como la Liga de las Naciones...

A fin de revalidar dicha decisión con la mayor solemnidad posible, se había celebrado un referéndum. El *Ja*, «sí», obtuvo 39.350.000 votos, que equivalían al 95,1 por ciento del electorado. Nada de lo que sorprenderse: la paz impuesta en Versalles tras la Gran Guerra era extremadamente impopular. Por otro lado, ¡ay de aquellos que se desmarcaran! Votar en contra suponía ser acusado de traición a la patria. Y, para aprovechar la convocatoria a las urnas, se acompañó el plebiscito con una consulta para la renovación del Reichstag. Apenas habían transcurrido siete meses desde las últimas elecciones parlamentarias, del 5 de marzo. Con todo, ahora no cabía hablar de elecciones propiamente. Se trataba de un mero paripé, una oportunidad para la movilización y la propaganda. Quedaba un solo partido al que votar: el Partido Nacionalsocialista. Los demás habían sido eliminados, o se habían suicidado. Desde el 14 de julio estaban disueltos por ley y también estaba prohibido fundar uno. La lista del NSDAP cosechó 39.650.000 votos, un puñado más que el sí del referéndum.

Tras las elecciones de marzo, en Alemania únicamente se celebrarían plebiscitos. Siempre con resultados predecibles y fabulosos porcentajes de participación. Cuando murió el presidente Hindenburg, los alemanes fueron llamados a las urnas, el 19 de agosto de 1934, para ratificar la fusión de la figura de canciller y la de presidente de la República, por descontado, en la persona del Führer. En 1936 se convocó un referéndum para aprobar la ocupación de Renania, en desafío al Tratado de Versalles, y en 1938, la consulta sobre el *Anschluss*, la reunificación con Austria. Por otro lado, habían aplicado una política de hechos consumados, o de invasión consumada. Expresar desacuerdo ya no era posible; en realidad, ni siquiera era concebible.

Sin embargo, estudios recientes han demostrado que no había un consenso tan unánime como parece. En ocasiones, las disidencias obligaron a Hitler a pactar, posponer o revisar ciertas decisiones. Resulta casi increíble, a la luz de la brutalidad con la que se impusieron las medidas del régimen, que el malestar entre la opinión pública lo forzara a reducir, en agosto de 1941, los programas de eutanasia de adultos, y que las protestas de la Rosenstrasse, protagonizadas por las esposas arias de judíos de Berlín en 1943, lo empujaran a cancelar las órdenes de deportación que ya habían sido emitidas para sus maridos. No es en el ámbito político, sino en la esfera de lo privado, donde se revela una capacidad de resistencia inesperada, insospechada, incluso en las dictaduras más feroces.

8
LOS HOMBRES QUE ODIABAN LOS PERIÓDICOS

El Gobierno nazi se hizo con el monopolio absoluto de la radiodifusión. Después disciplinaron a todos los diarios con una combinación de intimidaciones y ofertas a los directores, que, debilitados por la crisis económica y las peleas familiares, «no podían rechazar». Aun así, Alemania tenía algunos de los rotativos más populares, más leídos y más prestigiosos de Europa. Si fuéramos crueles, afirmaríamos que ellos mismos se buscaron su lamentable final.

En tiempos de la dinastía Ming vivía en China un verdugo de extraordinaria habilidad. Se llamaba Wang Lun y era célebre por la destreza y la velocidad con la que ejecutaba las decapitaciones. Había alcanzado la fama en todas las provincias del imperio. Su técnica consistía en tranquilizar a los condenados con una sonrisa y asestarles el golpe antes de que hubieran acabado de subir al patíbulo. Pero eso no le bastaba. Soñaba con lograr decapitar a los sentenciados sin que estos se percataran siquiera de que les había cortado la cabeza. Durante cincuenta años se ejercitó con enorme esfuerzo. Era septuagenario cuando logró hacer realidad su sueño. Ese día tenía dieciséis cabezas que cortar. Ya habían rodado once cuando el duodécimo condenado, en lo alto de la escalera sin que le hubiera pasado nada, protestó: «Verdugo cruel, ¿por qué prolongas mi tormento? Con los demás has sido compasivo y has actuado rápido». Fue entonces cuando Wang Lun comprendió que había alcanzado la perfección tan largamente buscada. «Por favor, asiente con la cabeza. Descubrirás que ya te he satisfecho.»

Arthur Koestler relata en su autobiografía esta leyenda que circulaba en Berlín entre sus colegas periodistas del grupo Ullstein, en el que había sido contratado como redactor científico. Ofrece una idea del clima de incertidumbre que reinaba en Alemania. Aunque aluda al ambiente que, ya antes del nombramiento de Hitler como canciller, se respiraba en las redacciones del mayor grupo editorial progresista del país. Hacía tiempo que habían comenzado los despidos, las jubilaciones anticipadas y las reducciones de personal. Nadie, ni siquiera las grandes firmas, podía confiar en que la siguiente cabeza que rodaría, sin previo aviso, no sería la suya. La crisis no dejaba de mermar la publicidad y las ventas.

El grupo Ullstein era un gigante que publicaba algunos de los diarios mejor considerados, como el *Vossische Zeitung*, insignia del periodismo liberal. Tenía su sede en la Kochstrasse, en pleno centro de Berlín, donde ocupaba una manzana entera, y diez mil trabajadores. Constituía una especie de ciudad dentro de la ciudad, un hervidero de periódicos, redactores, jefes de redacción, reporteros, editores, secretarias y mensajeros. Solo para sacar el polvo, limpiar y vaciar las papeleras de las oficinas necesitaban a trescientas empleadas. Sin embargo, cuanto mayor y más poderoso era un grupo de comunicación, más vulnerable era al chantaje. Los Ullstein eran una familia judía. Pero a los herederos no les interesaban la defensa de la democracia republicana y la libertad de prensa tanto como al fundador. Incluso modificaban tácitamente la línea editorial para adaptarse a la opinión pública. Por ejemplo, desde sus páginas siempre se había librado una apasionada batalla contra la pena de muerte. En cambio, a la luz de la conmoción suscitada por los procesos a los asesinos en serie Haarmann y Kürten, los redactores fueron instados a abandonar la campaña contra las ejecuciones «porque ya no podemos permitírnoslo». Koestler relata cómo desaparecieron del diario las firmas más prestigiosas, los columnistas independientes, los reporteros más audaces. «Se veían caras nuevas que sustituían a los antiguos empleados [...] Aunque los Ullstein eran judíos, todas las víctimas de la purga también eran judíos, y los sustitutos, todos arios [...] Aunque los Ullstein tenían opiniones progresistas, todos los que fueron despedidos eran izquierdistas, y todos los contratados, nacionalistas.»

En ese momento todavía no resultaba evidente que los nazis llegarían al poder. Al contrario. Koestler recuerda que había optimistas por profesión y optimistas por naturaleza: «Los primeros engañaban a los lectores, los segundos se engañaban a sí mismos. Algunos decían: "No pueden ser tan malos"; otros: "Son demasiado débiles, no triunfarán". También: "Son demasiado fuertes, hay que pactar con ellos", y a la vez: "Os dejáis asustar por un fantasma, estáis todos paranoicos". Había quien predicaba: "Es inútil odiarlos; hay que comprenderlos, darles un voto de confianza". Otros simplemente se negaban a "pensar en ello"».

CONTRA PUTAS Y JUNTALETRAS

Los nazis odiaban los periódicos y a los periodistas. Desde sus inicios. Se regocijaban con el desapego, incluso el creciente desprecio de los lectores hacia la prensa y la política.

Lo fomentaban. No estoy seguro de que los insultaran llamándolos «putas» o «juntaletras», como ha llegado a ocurrir en Italia. Sin embargo, no había discurso, mitin o artículo de opinión en el que no arremetieran violentamente contra la *Lügenpresse*, la prensa de la mentira. Se ensañaban en especial con los periódicos de izquierdas, la «prensa marxista». Con igual o mayor virulencia atacaban a la «prensa judía», a los grandes periódicos «burgueses», de orientación liberal o democrática, cuyos directores, como muchas de las firmas más destacadas, tenían apellido judío. La prensa berlinesa los irritaba de manera particular, porque nunca les había lamido las botas. Pero también despotricaban contra la competencia, contra los tabloides y los diarios de la derecha nacionalista que formaban parte del imperio mediático de Alfred Hugenberg. Sin el menor miramiento, sin una mínima gratitud porque durante años les hubieran allanado el camino siendo más groseros, más reaccionarios, más radicales enemigos de la izquierda, de la izquierda liberal y de los judíos que las propias publicaciones nazis.

Puede que los periódicos de la época ofrecieran motivos, o quizá algún pretexto, para que los odiaran tanto. En Weimar había excelentes periodistas y editores. No obstante, resultaría inútil buscar la legendaria grandeza de la prensa norteamericana de entonces. El cine alemán jamás podría haber alumbrado a un personaje del calibre del *Ciudadano Kane* interpretado y dirigido por Orson Welles en 1940. Aunque en la Alemania de entreguerras se desarrolló una mística de lo policíaco, lo detectivesco y lo criminal comparable, salvando las diferencias, a la estadounidense, cuesta encontrar una mística similar del periodismo y la libertad de prensa.

Realmente, las novelas y las memorias de esos tiempos no ofrecen muy buena imagen de los periódicos. Tal vez porque muchos escritores eran también periodistas. Vivieron en primera persona ciertas cosas. Ya hemos visto qué pensaba el joven redactor Koestler. También sabía de lo que hablaba Rudolf Ditzen, conocido como Hans Fallada. A finales de los años veinte había ido a parar a un pequeño diario de provincias, en Schleswig-Holstein. La primera obra que lo hizo destacar como escritor apareció en 1931 y se titulaba *Bauern, Bonzen und Bomben* («Campesinos, caciques y bombas»). Los campesinos están enfurecidos por la crisis. Les perjudica la competencia de los productos importados del resto de Europa y los asfixian los impuestos, por cuyo impago sufren embargos y los recaudadores de la hacienda pública les arrebatan las vacas y los terneros. Los caciques son los políticos y los funcionarios de los sindicatos de izquierdas. Las bombas las colocan los que organizan la protesta. No se trata de un ensayo de sociología o historia, sino de una novela escrita casi enteramente en forma de diálogo, con un lenguaje cotidiano, que nos brinda valiosas pistas acerca de por qué ocurrió lo que ocurrió. Aparecen los partidos, todos: los socialdemócratas, que gobiernan la ciudad, los demócratas, el centro católico, el partido de la economía, que representa a las clases medias y a los comerciantes, los nacionalpopulares del *Volkspartei*, que abominan especialmente de la «democracia corrupta» de Weimar, de los judíos y de los comunistas, que siguen los dictados de Moscú y solo se dedican a sabotear a los socialdemócratas, a los que llaman «socialfascistas». Y, claro está, aparecen los nazis, que todavía ocupan un segundo plano. Son los únicos que comprenden la indignación de los campesinos y saben aprovecharla. El mismo año en que Fallada escribió la obra, en la ciudad que él denomina Altholm (en realidad, Neumünster), los votos de los nacionalsocialistas saltaron del 4 al 27 por ciento del sufragio.

Ningún partido escapa de la corrupción. Todos están divididos en facciones y corrientes que se despedazan entre sí. Los líderes y los hombres del sistema tienen un rasgo común: se ponen la zancadilla y hacen carrera a codazos. Queda alguno «decente». Por ejemplo, el alcalde de la ciudad. A veces gobierna con medios poco ortodoxos. Pero en general con integridad, no es corrupto, no aspira a enriquecerse. Mostrar cierto «desenfado» forma parte de su trabajo. Hay un solo colectivo más «desenfadado» que los políticos: los periodistas. La prensa va mal, apenas vende, pierde lectores, es deficitaria, los balances son deplorables. Así que viven a la caza de noticias sensacionalistas para vender más ejemplares, y de ingresos publicitarios para evitar la quiebra. Los directores traman audaces operaciones financieras y los periódicos pasan de unas manos a otras, sin que ni los empleados ni los lectores se den cuenta. Hay una vorágine de compraventa de cabeceras, adquisiciones hostiles, casi siempre secretas, y fusiones opacas.

Fallada contó que el título con el que presentó el manuscrito de la novela le gustaba infinitamente más que el que decidió el editor. Él la había llamado «Un pequeño circo» en referencia a un episodio narrado en el prólogo: un pequeño circo llega a la ciudad y se niega a pagar por anunciarse en el periódico local, es decir, se opone a una práctica de extorsión. En venganza, el director del diario ordena a sus redactores que critiquen sin piedad el espectáculo. Fallada había trabajado en un periódico de provincias, así que se supone que escribía con conocimiento de causa. Pero no solo el periodismo sale mal parado: también la política de la Alemania de la época. No la de los ideales, la de las pasiones encendidas que sacuden Berlín y las grandes ciudades, sino la de los intereses miopes, la de los reproches sordos y acumulados y los recelos latentes, en una realidad marginal, periférica, aún ligada a la agricultura y la ganadería.

«Mi objetivo era decir "pobre Alemania", no "pobres campesinos"», precisó Fallada. «Quizá no sea una obra de arte, pero es tan realista que asusta», opinó Kurt Tucholsky, desde la izquierda.

DÍAS DE RADIO

Aunque los nazis prácticamente no sabían ni leer ni escribir, en cuanto ocuparon el Gobierno se apoderaron del medio de comunicación que se había revelado más importante que toda la prensa junta. Le echaron el guante a la radio. En efecto, el primer movimiento, en la primerísima reunión de gabinete de Hitler, había sido prohibir los periódicos de izquierdas. Luego llegó la intimidación al resto de los rotativos, hasta que lograron que obedecieran amordazando a los periodistas incómodos, despidiendo a los redactores hostiles o los que no les infundían confianza. Los expulsaron del negocio de forma gradual, cerrándolos, expropiándolos o arrebatándoselos a sus antiguos propietarios. Aunque la mayor parte de los diarios se habría adaptado espontáneamente al régimen, sin necesidad de coacciones. Pasa en las mejores familias. Sin embargo, el movimiento decisivo, el más visionario, fue la conquista de la radio y el fomento de cuanto ofrecían las nuevas tecnologías de la información.

Antes del 30 de enero de 1933, los nazis apenas influían en la radio y en el contenido de las transmisiones. Sin embargo, desde el 1 de febrero hasta las elecciones del 5 de marzo utilizaron la radio para llevar a cabo una incesante campaña electoral. Monopolizaron los contratos de publicidad en las ondas, impidiendo el acceso a los demás partidos, incluido el DNVP del magnate de los medios Hugenberg, su aliado en el Gobierno. Su truco genial fue combinar la radio con los altavoces, la emisión a distancia con el efecto estadio. Fijémonos en el comentario de Goebbels acerca del discurso de clausura de campaña de Hitler, pronunciado el 4 de marzo en Königsberg y retransmitido en directo: «Gran discurso. Hitler fantástico. Plegaria de gratitud y repique de campanas. 30-40 millones de oyentes».

En *La lengua del Tercer Reich*, Victor Klemperer relata cómo fue testigo de la retransmisión de ese acto frente a un hotel cercano a la estación de Dresde, completamente iluminada, desde la que un altavoz difundía el discurso. «Nunca llegué a verlo ni lo oí hablar directamente, eso estaba prohibido a los judíos [...] Solo alcancé a captar retazos del discurso, en realidad, más sonidos que frases [...] Jamás he logrado comprender cómo con esa voz, que era todo menos melodiosa, forzada hasta el grito, con esas frases burdas, a menudo ni siquiera en un alemán correcto, con esa retórica falsa, tan ajena al estilo de la lengua alemana, fue capaz de conquistar a las masas, manteniéndolas cautivas durante un tiempo espantosamente largo...». Marshall McLuhan quizá le habría respondido que «el medio es el mensaje».

Goebbels dirigía las transmisiones radiofónicas en persona y ejercía de locutor improvisado. Sus intervenciones en las ondas y en el cine están disponibles en YouTube. El tono de voz, la hábil dosificación de agudos y graves recuerda a las grandes retransmisiones futbolísticas de antaño: era como estar allí, en el estadio. Uno lo seguía todo al detalle, aunque no lo viera. Ahora podemos mirar los partidos en televisión. Bueno, yo soy incapaz: al parecer, la moda es que los comentaristas hablen entre ellos en lugar de contarnos lo que sucede en el terreno de juego. Distraen en vez de aportar, e intercambian un montón de ocurrencias que no comprendo. Goebbels era odioso, pero hay que reconocer que se le entendía a la perfección. En la Feria Internacional de la Radio celebrada en Berlín en 1933 se presentó un transistor barato, al alcance de todos los bolsillos. Lo bautizaron *Volksempfänger 301*, «receptor del pueblo», y «301», por la fecha del nombramiento de Hitler como canciller, el 30 de enero. El ministro de Propaganda ordenó que se produjera y distribuyera masivamente. Hasta entonces, la radio había incidido poco en las elecciones, había sido neutral o se había decantado muy ligeramente hacia los gobiernos en funciones y la democracia de Weimar. Con los nazis se volvió omnipresente y omnipotente. Aunque hubo que esperar hasta 1939 para que el 70 por ciento de los hogares alemanes dispusiera de radio. Solo el cine superaba en popularidad a la radio, y también lo sometieron a un control absoluto. Goebbels decidía qué películas se debían y se podían rodar. A saber qué habrían logrado de haber contado además con la televisión y las redes sociales.

CÓMO DOBLEGARON A LA PRENSA «MENTIROSA»

El periódico del Partido Comunista, *Rote Fahne*, fue inmediatamente prohibido. El pretexto: habían convocado una huelga general para el 31 de enero. Tres días después clausuraron el *Vorwärts*, el órgano del SPD. La excusa fue que había publicado un editorial en el que se instaba a los ciudadanos a defender sus derechos constitucionales. No obstante, desde la izquierda se llamaba a la calma, a no caer en provocaciones.

Los socialdemócratas no se habían sumado a la convocatoria de paro ni habían movilizado a la milicia y sindicato del partido, la *Reichsbanner* (con tres millones y medio de afiliados, era más numeroso que las milicias nazis, pero menos combativo). Adujeron que no querían brindarle a Hitler motivos para que desplegara «legalmente» la violencia. «Si nos hubiéramos alzado esa misma noche [de la proclamación de Hitler como canciller], desde un punto de vista técnico habríamos violado la misma Constitución que deseábamos defender.»

Una segunda razón derivaba del miedo, típico de la paranoia imperante en la izquierda, a que los comunistas aprovecharan la oportunidad para «apuñalar a los socialistas por la espalda». Si la huelga general y las protestas desembocaban en enfrentamientos sangrientos entre las milicias izquierdistas y los nazis, se corría el riesgo de que interviniera el Ejército. Contra los comunistas y por ende contra toda la izquierda. Sin embargo, el SPD creía que podría movilizar el *Reichswehr* contra los nazis. Una tercera razón, nada peregrina, era que «un paro general difícilmente tendrá éxito cuando hay tantos parados».

A la prohibición de los diarios progresistas siguió la de publicar cualquier noticia molesta. El decreto «Para la protección del pueblo alemán» del 4 de febrero de 1933 ilegalizaba la difusión de «noticias incorrectas». Quien decidía qué era «correcto» era el ministro del Interior. El cargo lo ocupaba aún —por pocos días— el nazi Frick. En un Gobierno repleto de ministerios adjudicados a miembros de otro partido, los nazis apenas otorgaban importancia a la cartera de Interior. Sin embargo, los ministerios que no manejaban los nazis acabaron resultando decisivos.

«Ahora contamos también con una palanca para la prensa. Habrá una oleada de prohibiciones. El *Vorwärts* y el *8 Uhr-Abendblatt*, y todos los otros medios judíos que han causado tantos problemas y disgustos desaparecerán definitivamente de las calles de Berlín», anotó Goebbels en su diario.

Interesante yuxtaposición: el *Vorwärts* era una publicación del partido que había liderado repetidamente en Alemania. En cambio, el *8 Uhr-Abendblatt* era un periódico de opinión, con simpatías liberales, «progresistas», como les gustaba definirse, pero no el órgano de ningún partido. Pertenecía a la familia Mosse, que lo había adquirido en 1927 sumándolo a las cabeceras que poseían, entre ellas el *Berliner Tageblatt*, todas de gran prestigio. Antes de convertirse en la mano derecha de Hitler y lanzar su *Angriff*, Goebbels mismo se había postulado para un empleo en el *Berliner Tageblatt*. Ser fichado para este medio era lo máximo a lo que podía aspirar un periodista alemán durante los años veinte y treinta. El director histórico y padre fundador, Theodor Wolff, se jactaba de recibir solicitudes de trabajo sin cesar, incluso de profesionales del grupo rival, el de Hugenberg.

LOS CÁLCULOS DE LOS HEREDEROS

En realidad, los grandes periódicos habían sido doblegados mucho antes de que los nazis llegaran al Gobierno. Desde gobiernos de centroizquierda y centroderecha. Los acusaban de ser demasiado independientes. El último, el Gobierno de Brüning, que, como hemos señalado, contaba con el apoyo externo de los socialistas. No perdonaron que se hubieran mostrado sumamente críticos. Desde luego, nada tiene de extraño que a los gobiernos, sean del color que sean, no les gusten los medios muy independientes, que no acepten de buen grado las opiniones desfavorables, que se quejen a los directores y ejerzan presiones. La prensa atravesaba dificultades financieras, y el grupo de la familia Mosse no era una excepción. Con la crisis, sus ingresos publicitarios habían caído a la mitad. A la muerte del fundador, Rudolf Mosse, tomaron el relevo su hija y su yerno. Pero lo único que les importaba a los herederos era no perder dinero. La línea editorial pasaba a un segundo plano. Se enfrentaron con el administrador y los directores que el fundador había seleccionado y blindado a fin de garantizar la continuidad. Contrataron a un nuevo administrador, con mayor experiencia en publicidad y reducción de costes que en la labor periodística. Planteó que se transformaran en publicaciones «más populares». En consecuencia, redujeron la plantilla y prescindieron de buena parte de las firmas que opinaban sobre política y temas considerados «demasiado serios». Y con ello siguió mermando el número de lectores. Así, estaban a merced del nuevo Gobierno sin que este necesitara ilegalizarlos.

Los directores se habían plegado a despedir a los profesionales incómodos antes de que se lo impusiera el régimen. Empezando por los que no pertenecían a la raza adecuada. Entre las primeras víctimas ilustres figura la periodista de crónica social del *Vossische Zeitung*, Bella Fromm. Su cese causó revuelo en los círculos diplomáticos. Fromm conocía a todo el mundo en Berlín y todo el mundo la conocía a ella. Los lectores la adoraban. El director también la apreciaba. Pero tenía un defecto: era judía.

Y judíos eran los propietarios del emporio Ullstein. Editaban numerosos tabloides, entre ellos el *Berliner Zeitung*, con una tirada de 200.000 ejemplares, el *Berliner Morgenpost*, con más de 500.000, el *Berliner Illustrierte*, con dos millones, el *Grüne Post*, con un millón, aparte del vanguardista diario vespertino *Tempo*, profusamente ilustrado. No se trataba de prensa política, sino publicaciones de difusión masiva y con enormes ingresos publicitarios. La joya de la corona era el *Vossische Zeitung*, de prestigio equiparable al del *Times* londinense y *Le Temps* en París.

Colaboraban grandes firmas, desde el poeta Kurt Tucholsky hasta la autora de *Grand Hotel*, Vicki Baum, pasando por Erich Maria Remarque, cuya novela *Sin novedad en el frente* había aparecido por entregas en 1928. Al diario lo llamaban cariñosamente *Tante Voss* («tía Voss», en alemán «periódico» es de género femenino). Para los peces gordos de Berlín, resultaba inadmisible no ser mencionados (previo pago, naturalmente) en las columnas de la vieja tía Voss con motivo de aniversarios, bodas o funerales. Parece una constante en la historia de las familias dueñas de grandes periódicos, una maldición que se extiende hasta nuestros días: los herederos de los Ullstein estaban asimismo enfrentados, e incluso uno de los hermanos demandó al resto. A ellos también les fastidiaba perder dinero. A ellos también les interesaban más las cuentas y los beneficios que la línea editorial, los valores de la democracia y de la libertad de prensa. A ellos también los sometían a presiones los anunciantes y los cancilleres. Durante los primeros meses de 1933 todo apuntaba a que el conjunto de la industria de la comunicación iniciaba una leve fase de recuperación tras años de crisis. La irrupción de Hitler y las amenazas a la libertad de prensa habían despertado el interés de los lectores por las noticias, aunque no por la política. Sin embargo, no bastó para salvar a los periódicos. Los Ullstein se vieron obligados a cerrar *Tempo* y el *Vossische*, y finalmente a ceder la mayoría del accionariado de lo que conservaban de su inmenso imperio, en el que nunca se ponía el sol (porque producían en un ciclo continuo: diarios matutinos, vespertinos y nocturnos), a un grupo de empresarios «arios» que contaban con el favor de los nazis.

Con todo, el medio de mayor prestigio era el *Frankfurter Zeitung*. Fundado por el banquero Leopold Sonnemann a mediados del siglo XIX, se había mantenido como un tesoro familiar durante casi una centuria. En realidad, en

1933 hacía un par de años que había pasado, silenciosa y discretamente, a manos de IG Farben, un coloso de la industria química. Hasta entonces siempre había sido un periódico de centroizquierda. Había apoyado la cooperación entre el SPD y el Partido Democrático y defendía a ultranza los valores de la Constitución de Weimar y de la justicia social. Había sido objeto de incesantes ataques por parte de los antisemitas, que lo consideraban la máxima y más nefasta expresión de la *Judenpresse*. En *Mein Kampf*, ningún medio recibe tantas invectivas como el *Frankfurter Zeitung*, que a su juicio era el órgano de la conspiración judía mundial. No obstante, como todas las grandes cabeceras europeas, el *Frankfurter* tendía a posicionarse del lado del Gobierno, quienquiera que lo ocupara. Aunque no dejaba de defender la equidistancia y la imparcialidad. El editorial del 31 de enero, firmado por el jefe de la redacción de Berlín, Rudolf Kircher, infundía tranquilidad a los lectores: el eufórico júbilo de los nazis no duraría mucho; el nuevo Ejecutivo se enfrentaba a retos descomunales; los socios de Gobierno de Hitler eran gente seria, no meros títeres; el flamante ministro de Defensa, el general Blomberg (que disfrutaba de la confianza del presidente de la República), nunca permitiría que se instaurara una dictadura; el mero hecho de que Hitler hubiera aceptado entrar en el Gobierno demostraba que se lo podía «domesticar». Un magnífico ejemplo de «famosas últimas palabras». Pero bien meditadas desde un punto de vista táctico. El *Frankfurter Zeitung*, que durante años se había presentado como un férreo defensor de la legalidad y la Constitución, acabaría de rodillas, o incluso tumbado, ante los nuevos dueños de Alemania. Llegó a lo más bajo cuando se atrevió a justificar los plenos poderes de Hitler que despojaban de todo poder al Parlamento. «¿Parlamentarismo? Seremos los últimos en lamentarnos porque alguien exponga sus limitaciones, que nosotros mismos habíamos señalado a los representantes de los partidos. Resultaba inevitable, o más bien era una necesidad vital reorganizar la vida política con mayor rigor.» Un comentario muy propio de Kircher. Piruetas como esta le valdrían una recompensa: de redactor jefe ascendió a director. Ocupaba aún ese puesto en 1939, cuando el *Frankfurter* pasó a manos de la editorial Franz-Eher. El director de esta empresa nazi se lo compró al Führer como regalo de cumpleaños. Kircher siguió como director hasta que, por orden expresa de Hitler, el periódico fue clausurado en agosto de 1943. Esta es una de las pocas ocasiones en las que Goebbels expresa en su diario discrepancias con el dictador: narra que intentó en vano convencerlo de que habría sido mucho más útil mantenerlo vivo que cerrarlo.

LA PRENSA JUDÍA EN PERFECTA ARMONÍA CON EL GOBIERNO

En cierto momento, los nazis lograron instrumentalizar a la odiada «prensa judía». El 27 de marzo de 1933, Goebbels anotó: «La prensa judía está cagada de miedo. Todas las organizaciones judías proclaman su lealtad al Gobierno». El 1 de abril mostraba un entusiasmo aún mayor: «La prensa está trabajando [con nosotros] en completa armonía». Y una semana después: «¡Qué fabulosa prensa tenemos!». Esto no se produjo por generación espontánea, sino como fruto de un intenso esfuerzo: amenazas directas o mafiosas, asaltos a redacciones, intimidaciones a periodistas y especialmente a los que recaudaban suscripciones y a los grandes inversores. Les transmitían este mensaje: sois judíos y, si no os adaptáis, os cerraremos, sabéis muy bien que podemos hacerlo. El 6 de abril, Hitler se reunió con los directores y les dijo abiertamente que aún necesitaba sus periódicos para un solo fin: mitigar los recelos internacionales hacia su Gobierno. Ellos le dieron las gracias y obedecieron.

En Alemania nunca había habido tantos periódicos como a principios de los años treinta, ni los habría después. Sus 66 diarios y 4.000 cabeceras, la mayoría locales, con una tirada media de 5.000 ejemplares, sumaban más que los rotativos de Francia, Italia y Gran Bretaña juntos. Las familias Mosse y Ullstein, con una postura de signo liberal, que hoy calificaríamos de centroizquierda, controlaban la mitad de los veinte millones y pico de ejemplares que se vendían en esa época. La otra mitad estaba en poder de Hugenberg, ultranacionalista, antisemita, monárquico y ferviente enemigo de la República de Weimar. Durante toda una década había apoyado las campañas de odio y denigración contra la izquierda, los inmigrantes, los judíos y cualquiera que le deseara el mal a Alemania exigiendo por ejemplo que cumpliera los compromisos internacionales y no abandonara el pago de sus deudas.

La prensa de Hugenberg había sido la principal responsable del clima de opinión, de la histeria xenófoba, antisemita y antibolchevique, de las patrañas acerca de la «puñalada por la espalda» y el «complot internacional» que alimentarían el crecimiento de los nazis. Hitler debería haberle estado agradecido. En cambio, no le propició un final feliz. El imperio mediático de Hugenberg fue también desarticulado y absorbido. Sin demasiadas ceremonias, en cuanto el cosignatario del contrato de Gobierno de Hitler fue abandonado por su socio. Sus periódicos, agencias de noticias y productoras cinematográficas acabaron fagocitados por el conglomerado mediático que encabezaba Max Winkler y que respondía directamente ante la cúpula nazi. Ni siquiera los Hugenberg, los Ullstein y los Mosse reunidos habían aglutinado tantas empresas y tanto poder. Como si en Italia surgiera de la nada un magnate que engullera el grupo Repubblica-Espresso, el *Corriere della Sera*, Mediaset y Sky. El deseo de subirse al carro de los vencedores y de servir celosamente a los nuevos amos nunca ha conocido límites. Antes de ser el delegado fiduciario de Hitler para la prensa y el cine, Winkler había sido funcionario de Correos y luego diputado centrista. «Había servido a dieciocho gobiernos. ¿Por qué no debería haberme puesto al servicio de un decimonoveno?» Parece que Winkler explicaba así el esmero, de hecho el entusiasmo con el que abordó la tarea de concentrar los medios de comunicación en manos del régimen nazi.

UNA TRADICIÓN DE LINCHAMIENTOS MEDIÁTICOS

Podemos afirmar que hubo continuidad entre antes y después del ascenso de los nazis. La prensa, toda la prensa, les prestaba un valioso servicio desde mucho antes de caer en sus manos o de recibir una patada. La prensa había fomentado año tras año la aversión a la política y a los políticos y la repulsión hacia la democracia parlamentaria. La prensa —y no solo la derechista— había ideado la fábula de la «puñalada por la espalda» asestada a Alemania, que habría ganado la guerra de no haber sido traicionada desde dentro por los judíos, confabulados con sus correligionarios del otro bando, por socialistas y pacifistas, bolcheviques, oportunistas y los financieros internacionales, todos judíos o cómplices de estos.

Las ofensivas comenzaron con la virulenta operación mediática dirigida contra «el Judío Erzberger». Matthias Erzberger era en realidad un miembro del partido de centro católico, que había formado coalición con la izquierda en el primer Gobierno republicano. Como secretario de

Estado en funciones y de acuerdo con el Alto Mando militar, había encabezado la delegación alemana en las negociaciones del armisticio. Lo acusaban de haber aceptado condiciones humillantes, o peor: de haber «vendido» Alemania a las potencias vencedoras de la Gran Guerra. Él se querelló contra los detractores. Al final de la cuarta vista judicial, un oficial de veinte años, que estaba de permiso y era un ávido lector de los periódicos de Hugenberg, le pegó un tiro. Erzberger sobrevivió: la bala rebotó en la cadena de oro de su reloj. El asesino frustrado recibió una condena leve, de dos años y medio de prisión. El tribunal lo creyó cuando afirmó que su intención no había sido matarlo, sino obligarlo a dimitir. Por otro lado, el proceso por difamación se alargó durante meses. Hasta que un diario de derechas, el *Deutsche Zeitung*, introdujo un nuevo elemento al publicar las declaraciones de la renta de Erzberger y acusarlo de evasión fiscal. Para que su defensa resultara más eficaz, Erzberger dimitió de su cargo de ministro de Hacienda y exigió que sus declaraciones fueran investigadas a fondo y con rigor. La inspección solo reveló algunos errores marginales debidos a la complejidad de la normativa fiscal en tiempos de guerra y lo absolvía de los cargos de falsificación y evasión. No bastó: la ofensiva mediática había hundido su reputación. Aparte, los periódicos de izquierdas lo habían abandonado y lo trataban con tanta hostilidad como los de derechas. En agosto de 1921 volvieron a dispararle, esta vez sin errar el blanco.

Los asesinos se justificaron citando al pie de la letra lo que habían leído en los periódicos acerca de las fechorías de su víctima. Tuvo que producirse, casi inmediatamente, otro impactante asesinato de un político señalado como judío, el ministro de Asuntos Exteriores Walther Rathenau, para que se aprobara una ley contra la difamación periodística. Nunca fue aplicada. Los periódicos siguieron aireando presuntos escándalos políticos. Por otra parte, esa medida era un arma de doble filo: al intentar defender el honor de los políticos de las calumnias de la prensa sentaba un terrible precedente. Todos los sucesivos cancilleres de la República de Weimar, tanto socialistas como centristas o conservadores, se aprovecharon de ella. Pero quienes la llevarían hasta las últimas consecuencias fueron los nazis, censurando cualquier crítica a su Gobierno.

UN EMPACHO DE ESCÁNDALOS FINANCIEROS

En la década de 1920, el deporte favorito de la prensa alemana era recrearse en escándalos protagonizados por políticos y hombres de negocios. Los casos se disputaban las portadas con la otra temática de la que, como hemos visto, ningún periódico parecía poder prescindir: los delitos de sangre, los crímenes sexuales, con una inquietante fijación con las violaciones de mujeres. Ambos géneros de noticias cosechaban ventas. Mucho más que las ideologías. Los editores responsables se justificaban alegando que se limitaban a dar al público lo que pedía. Hasta que alguien tuvo una ocurrencia brillante: mezclar los géneros, unir odio e ideología, escándalos y finanzas, desfogues y denuncias, medias verdades y puras fabulaciones, sexo y crimen.

Al principio, el tema favorito era el del político corrupto que se vendía a espabilados sin escrúpulos. Fue ejemplar el *affaire* Barmat, que involucró a un presidente de la República en ejercicio, el socialdemócrata Friedrich Ebert, y a un excanciller, también socialdemócrata, Gustav Bauer. Los siete hermanos Barmat eran especuladores judíos de origen ruso. Se habían enriquecido durante la guerra traficando con productos alimentarios con Holanda.

Después habían creado sociedades de inversión dedicadas a la especulación monetaria y a otras actividades financieras sospechosas. Cuando, a finales de 1924, sus sociedades quebraron y los Barmat fueron arrestados, salió a la luz que habían recibido financiación de Correos y el Banco Central de Prusia. Y lo que es peor: presumían de amistades políticas con el SPD y patrocinaban periódicos y obras benéficas del partido.

No fueron las publicaciones conservadoras o derechistas las que levantaron la liebre. Tampoco los medios nazis (el *Völkischer Beobachter* de Hitler todavía vendía poquísimos ejemplares y estaba en permanente riesgo de quiebra y cierre). Había roto el fuego el periódico del Partido Comunista, el *Rote Fahne*, a fin de destapar la corrupción del Gobierno socialdemócrata y, en vísperas de las elecciones de 1924, restarles votos. No les sirvió de nada. El impacto en los resultados electorales fue modesto y encima en sentido contrario de lo esperado: los comunistas perdieron un millón de votos y los socialistas ganaron dos.

Solo más adelante, una vez que olió sangre, la jauría de los periódicos de Hugenberg se unió a la persecución de la presa. Relanzaron lo que inicialmente había parecido un mero cruce de rencores entre los dos principales partidos de la izquierda y lo transformaron en una despiadada caza al marxista y al judío. Bauer se vio obligado a renunciar como diputado. Ebert tuvo que comparecer ante una comisión de investigación del Parlamento prusiano.

La prensa derechista no soltó el hueso ni siquiera después de las elecciones. En cambio, aprovechó —como había hecho años antes con el caso Erzberger— la querella por difamación que interpuso el presidente Ebert contra un periodista que lo había acusado de «alta traición» porque en 1918, al final de la guerra, había apoyado una huelga en una fábrica de armamento berlinesa. En cuestión de horas,

Ebert pasó de ser un digno denunciante en defensa de su honor a ser acusado de haber apuñalado por la espalda a la patria. Por su parte, la magistratura también subió la apuesta. En una sentencia absurda, calificada de «monstruosa» incluso por los conservadores, el juez condenó al periodista a tres meses de cárcel por injurias, reconociendo que llamar traidor al presidente de la República equivale a insultarlo. Pero al mismo tiempo lo absolvió del delito de calumnias con el argumento de que la convocatoria de una huelga en tiempos de guerra constituía en efecto una traición.

Ocho meses después, Ebert quedó absuelto de todas las imputaciones y acusaciones. Sin embargo, el SPD nunca se recuperó del todo de ese tsunami de fango. La izquierda comunista se la tenía tan jurada a Ebert como la derecha nacionalista. No le perdonaban que hubiera frenado y reprimido los movimientos revolucionarios entre 1918 y 1919. Lo consideraban cómplice, si no responsable, del asesinato de Karl Liebknecht y de Rosa Luxemburgo. El presidente se dejó la piel en el cargo. No a manos de un criminal, pero los ataques constantes y el linchamiento cotidiano por parte de la prensa lo debilitaron extremadamente y murió de peritonitis antes de que expirara su mandato.

Aún no se había apagado el eco de los juicios contra Ebert cuando estalló el caso Sklarek. En esta ocasión, quien lanzó y alimentó la campaña fue la prensa nacionalsocialista, el *Angriff* del entonces *Gauleiter* («líder provincial») del NSDAP en Berlín, Goebbels. Los Sklarek eran tres hermanos de origen judío que habían inmigrado desde el Este, como la familia que había estado en el ojo del huracán unos años antes, los Barmat. Ejercían prácticamente un monopolio en el suministro de uniformes a la Policía y otros servicios municipales de la capital. Fueron detenidos en septiembre de 1929, acusados de haber sobornado a los socialdemócratas berlineses para adjudicarse los contratos. El *Berliner Lokal-Anzeiger* (del grupo Hugenberg) fue el primero en proclamar que los hermanos Sklarek eran grandes donantes del SPD y sus organizaciones afines. La prensa comunista no tardó en sumarse a las acusaciones de corrupción de la administración socialdemócrata. El vespertino del Berlín de los años treinta, el *Welt am Abend*, de Willi Münzenberg, informó del nuevo escándalo en un artículo de portada en el que aseguraba que los Sklarek pertenecían al SPD. Insinuaba: vean lo turbios que son los socialistas. El *Rote Fahne* también señaló como beneficiario de los sobornos al alcalde de Berlín, el centrista del DDP Gustav Böss. Pero en realidad, como pasa en las mejores familias y a menudo hoy en día, los Sklarek habían repartido sus aportaciones entre todas las fuerzas políticas. Habían donado dinero a políticos socialdemócratas (entre ellos, dos alcaldes de distrito) y como mínimo a dos concejales comunistas, y mantenían asimismo muy buenas relaciones con políticos de la oposición de derechas e incluso con el director del periódico antisemita *Wahrheit*. Incluso los tabloides moderados y liberales, el *Tempo* de la familia Ullstein y el *8 Uhr-Abendblatt* de la familia Mosse, se consagraron alegremente a denunciar el escándalo y deplorar el «sistema» de poder socialista.

Unos y otros medios competían por revelar datos y por adornarlos con detalles que no siempre eran verdaderos. En cualquier caso, el más ingenioso e imaginativo, aparte del más implacable, fue el *Angriff* de Goebbels, con una avalancha de titulares efectistas, aunque infundados, como «Una caja de caudales secreta en la finca de los Sklarek» o «Faisán, langosta y champán». El asunto había calado entre el público. Generaba votos. Los nazis lo evocaron una y otra vez en todas las campañas electorales, hasta 1933. Los socialdemócratas, que en esa época no acertaban ni una, se equivocaron estrepitosamente con su estrategia acerca de la «cuestión moral». Minimizaron el problema limitándose a atacar el «sensacionalismo» de la prensa opositora. No iban desencaminados, pues era en efecto sensacionalismo. Pero la gente interpretó que solo deseaban esconder los trapos sucios, y castigó a los que le habían restado importancia, no a los que habían mercadeado sensacionalismo.

¡Es la prensa, querido! Los lectores estaban hechizados por la riqueza de detalles y se creían todo lo que les contaban. De nuevo, la literatura nos ofrece una idea de la atmósfera reinante. Elise Hirschmann era judía (huyó del país en 1933) y trabajaba como cronista judicial en el *Berliner Tageblatt*. En 1931, bajo el pseudónimo de Gabriele Tergit, debutó con una novela protagonizada por un periodista ambicioso. Cuando un colega mayor le reprocha su falta de escrúpulos y que prime el sensacionalismo sobre el análisis riguroso, aquel le responde: «¿Y para qué sirven los escrúpulos? Los escándalos son mucho más rentables».

En gran medida gracias al *affaire* Sklarek, el periódico comunista pudo presumir de ganar cinco mil lectores, los periódicos de Ullstein incrementaron su tirada en un 20 por ciento y los de Hugenberg batieron récords de ventas. Sin embargo, aún más nuevos lectores consiguió el *Angriff* nazi, que, gracias a esta campaña, dejó de ser quincenal para convertirse en diario.

Todo esto ocurría en la vigilia de las elecciones de 1929 en Berlín y Prusia, que supusieron una derrota aplastante para los centristas y el centroizquierda. Y los nazis triplicaron sus votos. Los periódicos se habían beneficiado de algunos ejemplares más. Pero pagaron un precio muy elevado: el hundimiento de la República y de la democracia.

9
CÓMO SE COMPRÓ AL PUEBLO

Instrucciones para obtener la aceptación universal: hacerla obligatoria y, sobre todo, pagarla al contado. El mal uso de la palabra «pueblo» y la definición de quién forma parte de él y quién no. Inventaron la renta básica y mantuvieron la promesa de pensiones para todos. Pero acabaron dinamitándolas. Se proclamaron el Partido de la Honestidad, pero la nueva nomenclatura era más destructiva que la anterior.

Ya a principios de 1933, el saludo nazi del brazo extendido se había generalizado. El *Heil Hitler!* había desplazado el *Guten Tag* de Berlín, el *Moin* de Hamburgo y el *Grüss Gott* bávaro. En julio de ese año, una disposición del ministro del Interior Frick lo declaró obligatorio para los empleados públicos. Pronto se volvió contagioso, una especie de rito propiciatorio colectivo. En las escuelas y las universidades, los profesores entraban en clase saludando a los alumnos con el *Heil Hitler!* Erika Mann, hija del escritor y brillante autora de cabaret, calculó que los niños lo pronunciaban unas cincuenta, incluso cien veces al día. Todos lo utilizaban con mayor frecuencia que los saludos neutros del pasado.

¿Cuán espontáneo era? No usarlo entrañaba riesgos. Por ejemplo, para el cónsul estadounidense en Berlín se había convertido en algo rutinario atender a turistas que habían sido agredidos en la calle por no hacer el gesto nazi. En los escaparates aparecieron carteles con la categórica invitación «Los alemanes saludan con *Heil Hitler!*». La frondosidad de brazos alzados en las concentraciones es una de las imágenes que nos ofrecen una idea del grado de adhesión y conformidad con el régimen por parte de las masas. No en vano fue explotada por la propaganda nazi. Pero al mismo tiempo revela lo difícil que puede resultar sustraerse, oponerse a la corriente. Cuando todo el mundo hace un gesto, no imitarlo supone denunciarse a uno mismo como distinto, disidente, enemigo de la mayoría y, por tanto, enemigo del pueblo. En la Italia de hoy un «¡Comunista el que no salte, eh!» puede arrancar una sonrisa. En la década de 1930, negarse visiblemente a hacer el «saludo alemán» traía consecuencias muy diferentes.

Entre las numerosas fotografías de la época hay una que se descubrió en 1991 y fue publicada por el periódico *Die Zeit*. Muestra a centenares de trabajadores de los astilleros de Blohm und Voss de Hamburgo saludando con el brazo extendido. Solo uno se abstiene ostentosamente de hacerlo y posa con los brazos cruzados. No se sabe a ciencia cierta quién era, ni qué pasó con él. Irene Eckart, que escribió un libro sobre su historia familiar, cree que se trata de su padre, August Landmesser, que por entonces se contaba entre los obreros de la empresa. Aunque era miembro del Partido Nazi desde 1931, estaba enamorado de una chica judía. «Mixta», para ser exactos, con solo dos abuelos judíos. Juntos tuvieron dos hijas que él reconoció, pero las leyes raciales les impedían casarse. Se ignora si a causa de su reincidencia en el delito de «ultraje de la pureza de la raza» o por ese contundente gesto de protesta, pero cumplió treinta meses en un *Lager*, luego trabajos forzados y finalmente fue obligado a incorporarse a filas, para morir en Croacia. Ella, tras pasar por varios campos de concentración, fue internada en una institución para enfermos mentales. Las hijas acabaron en un orfanato y posteriormente fueron separadas y entregadas a distintos parientes y tutores.

El *Hitler Gruss*, el saludo hitleriano, se había convertido en un hábito. Casi un tic. Se usaba incluso en privado, en casa, entre amigos, entre marido y mujer. Y quizá no solo por miedo a una denuncia. Sin embargo, hay quien señala que fue precisamente la extensión del ritual, el hecho de que fuera considerado un saludo universal, lo que lo convirtió en un lugar común que protegía en el anonimato de la multitud a los que dudaban del Gobierno pero se resignaban a hacerlo. Paradójicamente, a los visitantes extranjeros del Tercer Reich les había llamado mucho más la atención en los inicios del régimen. Tal vez porque aún era una novedad. Del mismo modo, hubo quien después destacó el retorno de los antiguos saludos de siempre. En 1940, el corresponsal de la CBS William Shirer escribe que en Múnich «han dejado de decir *Heil Hitler!*». Victor Klemperer observa que, durante el tercer mes de guerra contra la Unión Soviética, en Dresde la gente empieza a decirse «buenos días» o «buenas tardes» con mayor frecuencia y decide contar cuántas personas saludan de una forma y cuantas de otra. «Parece que el uso de los saludos de siempre va en aumento. En la panadería de Zscheichler, cinco mujeres han dicho *Guten Tag* y dos *Heil Hitler!*» Pero «en la salchichería todo el mundo ha dicho *Heil Hitler!*». También llevaba la cuenta de los saludos el sociólogo estadounidense Theodore Abel, que se había trasladado a Berlín en 1934 para completar su estudio sobre cómo y por qué Hitler había llegado al poder.

Por su parte, en su *Vida y muerte en el Tercer Reich*, el historiador Peter Fritzsche alerta sobre el riesgo de considerar el saludo nazi como una medida de la conformidad o del disentimiento. Comenta que el *Heil Hitler!* también podía servir para reivindicar un reconocimiento social, ya que sustituía en lo cotidiano las fórmulas más corteses. Cuando el cartero saludaba a los vecinos con un ostentoso *Heil Hitler!*, denotaba que era un *Volksgenosse*, un compatriota, un semejante. De manera parecida, cuando a la entrada de la cantina el patrón recibía con el brazo extendido a trabajadores que antes no merecían su saludo, no borraba las diferencias sociales pero reconocía nuevos derechos a sus empleados. En definitiva, transmitía una sensación de igualdad, de objetivos comunes, a la manera del «camarada» de la izquierda de antaño, del «*tovarich*» de la Unión Soviética o del «*tongzhi*» en China. Así, en palabras de Fritzsche, «Poner [el nuevo saludo] solo en boca de los fanáticos supone ignorar que los alemanes se adaptaron más o menos voluntariamente al ideal unitario de la Comunidad del Pueblo (*Volksgemeinschaft*)».

«VOLK» POR AQUÍ, «VOLK» POR ALLÁ

El término más utilizado en el Reich es sin duda «pueblo». Lo invade todo adoptando mil formas, en todas las palabras compuestas posibles. Victor Klemperer anotó el 20 de abril de 1933: «Una nueva celebración, un nuevo día de fiesta para el pueblo: el cumpleaños de Hitler. Actualmente, la palabra «pueblo» [*Volk*] se usa tan a menudo, al hablar y al escribir, como la sal en la comida; a todo se le añade una pizca de «pueblo»: fiesta del pueblo, miembro del pueblo, compañero del pueblo [*Volksgenosse*], comunidad del pueblo [*Volksgemeinschaft*], cercano al pueblo [*volksnah*]. El pueblo se define también en función de los que se consideran ajenos al pueblo [*Volksfremd*] o incluso enemigos del pueblo [*Volksfeind*]». Además: Hitler es el *Volkskanzler*, el canciller del pueblo. Se puede ser *volksbewusst*, consciente, atento respecto al pueblo, o al contrario, *volksschädling*, un parásito del pueblo. Una de las grandes glorias del régimen fue la fabricación y difusión del *Volkswagen*, el coche del pueblo. Se conserva una fotografía de Hitler irradiando una alegría infantil mientras le muestran un Escarabajo en miniatura. *Völkisch* es la palabra clave, una ganzúa que abre cualquier cerradura y expresa al mismo tiempo continuidad y discontinuidad. Con «pueblo» los nazis se distinguen de los «burgueses» y a la vez entroncan con el nacionalismo exacerbado de sus predecesores ideológicos. Por otro lado, ni siquiera los partidos «burgueses» lograban prescindir de la palabra: *Deutsche Volkspartei* era el nombre de la formación liberal que había desempeñado un papel tan relevante en los comienzos de la República de Weimar, y la *Deutschnazionale Volkspartei* era la nacionalista de derechas. «Las ideas fundamentales del movimiento nacionalsocialista son populistas (*Völkisch*), y las ideas populistas son nacionalsocialistas», sentenció Hitler en *Mein Kampf*.

Es toda una orgía, un empacho continuo de «pueblo». Y de populismo.

> De hecho, ellos dicen que se acercan al pueblo [...] Estos movimientos fascistas siempre se autodenominan populistas. A menudo emplean un tono muy agresivo contra los ricos, especialmente cuando estos escatiman en subvenciones a sus partidos, evidenciando que no comprenden que redundan en su beneficio. Pero, en mi opinión, las que cuentan son las pequeñas aportaciones. Y cuanto más duramente braman contra los ricos, más abundantes son las pequeñas aportaciones y más se enriquecen ellos. Sin

> embargo, tienen que hacer algo a cambio. En general, hoy en día se espera demasiado [...] No es de extrañar que no logren adaptarse a esas terribles pretensiones. Por ejemplo, les exigen que sean absolutamente desinteresados. Me gustaría saber cómo podrían serlo y por qué. Pero deben repetir sin cesar que no obtienen ningún beneficio...

Así lo expresa uno de los dos interlocutores forzados al exilio en los *Diálogos de refugiados* de Bertolt Brecht. La ironía es un arma de doble filo. Desenmascara a los nazis, pero también la ingenuidad de la izquierda, que no fue capaz de impedir que tomaran el poder. Los personajes parecen una parodia del intercambio de solemnes imbecilidades de *Bouvard y Pécuchet*, de Flaubert. Brecht escribió la obra durante su exilio en Finlandia, entre abril de 1940 y mayo de 1941. Sin embargo, la dejó abandonada, quizá porque le recordaba el fracaso de su vertiente política. Se publicó póstumamente, en 1961.

En la Alemania nazi, el pueblo se define principalmente por oposición a quienes no forman parte de él. El cuarto punto del programa original del Partido Nacionalsocialista, de 1920, rezaba: «Solo un compañero del pueblo [*Volksgenosse*] puede tener la ciudadanía. Solo el que tenga sangre alemana, independientemente de su confesión religiosa, puede ser considerado miembro del pueblo. En consecuencia, ningún judío puede ser un miembro del pueblo».

LA RENTA BÁSICA

El protagonista de *Pequeño hombre, ¿y ahora qué?* de Fallada acude a las oficinas de su mutua para comprobar el estado de su solicitud de subsidio por nacimiento y lactancia. Cuando llega, el empleado del mostrador le pide lo siguiente:

—Tarjeta del seguro.
—Aquí está... Les mandé una carta.
—Certificado de nacimiento.
—Les escribí y les envié los documentos que me dieron en el hospital.
—Bueno, ¿y qué desea?
—Quería preguntar si el asunto está resuelto. Si se ha enviado el dinero. Lo necesitaría.
—Y yo qué sé. Si ha realizado la solicitud por escrito, también se procesará por escrito.
—¿Podría averiguar si se ha tramitado el expediente?
—Siempre molestando por nada...

El empleado se ha alejado murmurando. Desaparece tras una puerta sobre la que hay un letrero que el protagonista no acierta a leer desde donde está. Pero, cuanto más mira, más seguro está de que dice «Lavabo», y siente cómo crece la ira en su interior. Al cabo de un rato, mejor dicho, de un buen rato, el empleado reaparece, coge la tarjeta del seguro y la coloca sobre el mostrador: «El expediente ha sido tramitado».

De vuelta en casa, el protagonista encuentra un sobre con una carta y dos cuestionarios para rellenar. Le piden un certificado de nacimiento «a efectos del seguro de enfermedad», porque al parecer el expedido por el hospital no les basta. El autor resume el contenido de la carta con ironía: «En efecto, sabemos perfectamente que los médicos tienden a considerar que un embarazo dura solo nueve meses [...], pero tal vez de esta manera podamos repercutir los gastos a otra mutua [...] Le rogamos que tenga paciencia hasta que nos haga llegar los documentos necesarios...».

Querría ir a buscarlos y estrangularlos. Su mujer intenta calmarlo.

Un relato periodístico de la Colonia de los años veinte ofrece una idea de la variada «clientela» de la miríada de oficinas a las que hay que acudir para obtener asistencia social: «Son las ocho de la mañana. Personas de todo tipo, de todas las clases, unidas por el hecho de recibir una asignación. Allí está la criada despedida tras trabajar veinte años para el mismo amo..., junto a ella, el joven que aún no ha encontrado trabajo..., el pequeño comerciante que no podido salir adelante..., el obrero que ha sufrido un accidente laboral y cuya pensión de invalidez es insuficiente...». Ya no son solo los «pobres» los que necesitan ayuda, sino también los que antes se las apañaban, lo que se denominaba *Mittelstand*, clase media. Entre 1927 y 1932, la tipología de los beneficiarios de la asistencia social había cambiado sustancialmente, ya no se limitaba a parados y jubilados. Había cambiado asimismo la distribución geográfica: como en Italia, en Alemania había un Sur pobre. Lo que los unía era la rabia. He aquí otro testimonio al azar, en este caso de Düsseldorf en 1932, de alguien que estaba del otro lado del mostrador, una trabajadora social.

> Hoy, cuando he llegado a la oficina, a las ocho menos cinco, [los solicitantes de prestaciones] ya habían invadido la sala de espera. De pie, pegados unos a otros, formaban una fila que se prolongaba hasta el pasillo e incluso más allá, hasta la calle. Con todas mis fuerzas, me he abierto paso hasta mi despacho. Se me había rasgado la chaqueta. Luego, cuando intentaba salir, la aglomeración era tal que no podía abrir la puerta desde dentro. He tenido que saltar por la ventana. Hacia las diez, una joven trabajadora social también ha intentado salir. Tampoco ha podido abrir la puerta y ha tenido que recurrir a la ventana. Poco antes de

> las once ha llegado un funcionario con expedientes. Ha logrado entrar en las oficinas con gran esfuerzo. Pero no ha conseguido salir. Daban ganas de gritar y aporrear la puerta. La gente que esperaba le gritaba: «¡Quédate en tu sitio y empieza a trabajar! Llevamos toda la mañana haciendo cola». Con la ayuda de los otros trabajadores sociales al fin ha abierto la puerta. Pero se ha armado una trifulca y se han venido a las manos...

En la Alemania de Weimar habían creado la red de servicios sociales y sanitarios más amplia, ramificada y compleja de Europa. El problema es que una asistencia que no funciona, o funciona mal, genera un descontento aún mayor que la ausencia de atención. En los años treinta, los socialdemócratas y los partidos en el poder habían perdido el vínculo con los sectores menos favorecidos de la población. La gente identificaba a la clase gobernante con políticas de vivienda y asistencia que no daban buenos resultados, aparte de considerarla clientelista, particularmente a escala local. Lo cierto es que las administraciones locales de izquierdas habían hecho todo lo posible, habían realizado esfuerzos sobrehumanos para ayudar a los más débiles en un momento en que había una trágica escasez de fondos. Pero el activismo, en lugar de agradecerlo, se había vuelto en su contra.

«¡INVIERTAN EN FELICIDAD!»

La crisis que siguió al crac del 29 había provocado un repunte del desempleo sin precedentes. De los 6,1 millones de parados registrados oficialmente en 1933, solo 900.000 recibían una pensión estatal. Los demás habían tenido que recurrir a las administraciones locales. En cuanto llegaron al poder, los nazis desmantelaron todas las asociaciones de beneficencia, solidarias, autosuficientes, municipales, religiosas y no gubernamentales. Las reemplazaron por un único organismo centralizado: la *Nationalsozialistische Volkswohlfahrt* («Dirección para el Bienestar del Pueblo»). Presumían de que se trataba de «la mayor entidad social del mundo». Aún hoy se la considera el puntal de la ingeniería social nazi. Gestionaba pensiones, alquileres, subsidios de desempleo e invalidez, los hospicios, préstamos libres de intereses para parejas jóvenes, ayudas familiares y los seguros de salud.

Idearon incluso la renta básica, un ingreso mínimo para todos. Bueno, a decir verdad, para todos no: solo para ciudadanos de raza aria pura y acreditada, de lengua y cultura alemana, que pudieran demostrar, por un lado, que tenían la ciudadanía y la residencia en regla, y por otro, que estaban en el paro y que realmente buscaban trabajo.

El número inicial de destinatarios era descomunal: 14 millones de alemanes. Bajo ciertas condiciones. El dinero de las ayudas podía gastarse únicamente en comercios alemanes (y no, por ejemplo, en tiendas de propietarios judíos o extranjeros). Se suponía que debía estimular la economía y el consumo nacionales. Además, era obligatorio invertirlo en artículos de primera necesidad (y en nada que la austera cultura protestante considerara frívolo o «inmoral»). Las oficinas de la *Volkswohlfahrt* gestionaban las ofertas de empleo y proponían trabajos a los parados. Para los que no encontraban ninguno estaban las tareas «de utilidad social».

La palabra *Volksgemeinschaft*, «comunidad del pueblo» (hay quien prefiere traducirla como «comunidad de la raza»), conjugaba las promesas de «nación», «socialismo» y «trabajo» presentes en el propio nombre del partido. Premiaba a los elegidos y condenaba a los excluidos (extranjeros, judíos, opositores y asociales). Aunaba lo útil y lo placentero, la movilización y la propaganda.

A Hitler se lo denominaba «el primer trabajador de la nación». Una de las imágenes propagandísticas más significativas del régimen nazi es el óleo pintado en 1936 por Ferdinand Staeger y titulado *Los soldados del trabajo*. Representa una brigada de obreros que avanzan llevando al hombro palas a modo de fusiles. Las ocasiones de «confraternización» y «camaradería» entre el pueblo se multiplicaron con la instauración de nuevas fiestas debidas y sus masivas celebraciones de carácter fastuoso y teatral: el aniversario de la «toma del poder» el 30 de enero, el de la fundación del Partido Nazi el 24 de febrero, el Día de los Héroes y Mártires del Movimiento en marzo, el cumpleaños del Führer el 20 de abril, el renovado Día del Trabajo, mejor dicho, «Día Nacional del Pueblo Alemán» del Primero de Mayo, aparte de las concentraciones que se habían vuelto «perpetuas» en Núremberg, la conmemoración del *Putsch* del 23... El Gobierno de Brüning había introducido la *Winterhilfe*, una colecta de fondos y ropa para ayudar a pasar el invierno a las familias necesitadas. Con los nazis se convirtió en un ejercicio de solidaridad colosal, amén de obligatorio, entre la población. El *Deutsche Arbeitsfront*, la organización estatal del Frente Obrero Alemán que había absorbido y sustituido a los sindicatos en el verano de 1933, impulsaba y gestionaba monumentales programas de nombre sugerente: *Kraft durch Freude*, «Fuerza mediante la Alegría» y *Schönheit der Arbeit*, «La Belleza del Trabajo». La primera se ocupaba del ocio y las vacaciones, la segunda, de la higiene y las cantinas de las fábricas.

Se comprenderá por qué sentí un escalofrío en 2018, cuando oí a los vicepresidentes Salvini y Di Maio referirse a la Ley de presupuestos generales como una «inversión para la felicidad de los italianos». El más desafortunado de los eslóganes es el que evoca, quizá sin saberlo, algo vomitivo. «El trabajo ennoblece» (*Arbeit adelt*) y «El trabajo nos hace libres» (*Arbeit macht frei*) eran lemas muy en boga antes de devenir monstruosos rótulos que presidían la entrada a Auschwitz.

HONESTOS PERO NO TANTO

La punta de lanza de la propaganda nazi contra la podredumbre de la República de Weimar iba dirigida contra la corrupción de los judíos, la izquierda y la política. Enseguida cayó un hachazo sobre los favoritismos y el sistema clientelista del pasado. Para introducir uno nuevo: a fin de acceder a un empleo había que presentar unas credenciales de pureza racial y adhesión política impecables. Los primeros en obtener una plaza fija fueron los milicianos de las SS y las SA, inicialmente como auxiliares y luego como personal de la Policía, los servicios de seguridad y las Fuerzas Armadas. Después fueron situándose los demás. En julio de 1933, Rudolf Hess, el segundo del partido y mano derecha de Hitler, prometió trabajo a todos aquellos que pertenecieran al NSDAP desde antes del 30 de enero de ese año. La promesa se cumplió en octubre: se concedió un puesto a todos los militantes con un número de afiliado inferior al 300.000.

Así se continuó a partir de entonces. El 90 por ciento de los nuevos cargos en la administración pública fueron asignados a los «viejos combatientes» por la causa nazi. El Correo Imperial convocó un concurso público reservando treinta mil plazas para «nacionalsocialistas con méritos». Lo mismo ocurrió con los Ferrocarriles. También para los ascensos contaba la antigüedad en el partido. En consecuencia, a fin de hacer sitio a «los que estaban en su derecho», se multiplicaron los puestos administrativos innecesarios y proliferaron los cargos directivos adjudicados a ineptos totales. Algunos cobraban sin ni siquiera presentarse en la oficina. Tenían sobradas razones para sentirse agradecidos hacia el nuevo régimen.

El apetito de la nomenclatura era insaciable. Cultivar los vínculos con la nueva clase dirigente se volvió imprescindible para quien anduviera en negocios. Nació una profesión: la persona con contactos, el asesor con buenas relaciones con las altas esferas que conseguía licencias y permisos. Los sobornos y los regalos caros constituían la norma. Un caso especialmente clamoroso fue el del jefe del Departamento de Construcción del Frente Alemán del Trabajo, el *Deutsche Arbeitsfront* (en adelante, DAF), Anton Karl, que repartía enormes sumas en obsequios a cambio de contratos. Sepp Dietrich, el máximo responsable de la guardia personal de Hitler, anotó lo que Karl le entregó para asegurarse el encargo de la nueva caserna para sus hombres: camisas de seda, relojes de oro, escopetas de caza y un viaje a Italia para su mujer. El asunto resultaba bochornoso para los que hasta poco antes se ufanaban de ser abanderados de la moralidad. Así que corrieron a ponerse a cubierto: entre 1934 y 1941 se celebraron no menos de once mil juicios por malversación de fondos del partido.

Era un secreto a voces. Todo el mundo sabía cómo funcionaban las cosas. Circulaban infinitos chistes sobre la corrupción en el Tercer Reich. Pero siempre con la prudencia necesaria. En 1934, el cómico Werner Finck representó sobre el escenario del cabaret Katakombe un número en el que el cliente de un sastre mantiene el saludo nazi mientras le toman las medidas. Cuando el sastre le pregunta qué clase de traje desea, él responde: «Con los bolsillos bien grandes, que es lo que está de moda». La broma le costó el campo de concentración.

Como intuyó Montesquieu, la peor corrupción es la del pueblo, que por eso tiende a tolerar a los corruptores. Los informes clandestinos enviados desde Alemania a los núcleos del Partido Socialdemócrata en el extranjero revelan el malestar generalizado por la corrupción y la opulencia de los miembros del Frente del Trabajo y en particular de su carismático líder, Robert Ley. Auténticos «caciques», como denominaban despectivamente a los dirigentes sindicales en tiempos de Weimar. Pero no parece que ese apelativo trajera consecuencias para Ley o Göring o los otros peces gordos que alardeaban de propiedades lujosas y un espléndido tren de vida. Hitler era un caso aparte: había renunciado incluso al sueldo y las dietas de canciller, y se lo consideraba paladín de la honestidad y la moralidad. Sin embargo, esto distaba bastante de la realidad. Con todos los gastos pagados, acumulaba residencias oficiales, disponía de unos fondos reservados sin límite, cobraba derechos de autor por *Mein Kampf*, que se había convertido en lectura obligatoria, derechos de imagen por aparecer en los sellos de correos, y recibía donaciones que le permitieron amasar una inmensa fortuna personal. Por otro lado, hablar mal del Führer era un delito castigado con la muerte.

EL ASALTO A LAS PENSIONES

Las pensiones habían constituido un eje del consenso desde que Bismarck las había implantado, adelantándose al resto de Europa, a finales del siglo XIX. En 1933, el sistema alemán de pensiones daba cobertura a cuatro quintas partes de la población, garantizaba el futuro a 21,6 millones de trabajadores que cotizaban, más de cuatro millones percibían un subsidio y también millones disfrutaban de asignaciones por orfandad o viudedad. El régimen nazi les había prometido de todo. Con el tiempo, los dejaría sin nada.

Robert Ley propuso una reforma del régimen jubilatorio por la cual cualquiera podría retirarse a la edad que deseara o seguir trabajando hasta después de lo establecido: 65 años para el grueso de la población, y 55 para los que tenían trabajos más desgastantes. Se trataba de una especie de jubilación anticipada. El plan garantizaba una pensión mínima a todos los ciudadanos. Excepto a los judíos y los extranjeros, obviamente. A Ley, que era un fanático antisemita pero siempre soñó con utopías anticapitalistas, le importaba de todo corazón el poder adquisitivo de los salarios y las pensiones. Siempre y cuando fueran a parar a los «verdaderos alemanes».

El ministro de Trabajo, Franz Seldte, acudió directamente a Hitler y le señaló que Ley estaba creando falsas expectativas, dado que su reforma requeriría un aumento de las contribuciones o de los impuestos. Ley lo rebatió afirmando que, según el gabinete técnico del DAF, gracias al incremento del número de trabajadores que cotizaban, las pensiones podrían triplicarse. La disputa se prolongó durante una década. Ya iniciada la guerra, el DAF volvería a plantear que se duplicaran las pensiones, además de un mecanismo automático asociado al coste de la vida (las cláusulas de escala móvil), que no se aplicaría hasta los años cincuenta. Hitler mediaría hasta el final entre las diferentes corrientes en el seno de su administración, entre las exigencias presupuestarias y la necesidad de consenso. Él se decantaba por intentar complacer a su electorado. En 1941, cuando invadieron la Unión Soviética, mediante una reforma de las pensiones se aplicó el mismo aumento para todos, proporcionalmente más elevado para las de menor cuantía. «Con visible satisfacción y gran alegría», también porque los incrementos tenían carácter retroactivo y se pagaron de golpe retrasos acumulados durante tres meses. Hubo quien incluso en el último momento, en otoño de 1944, abogaba por subirlas rápidamente. Hay algo curioso: en el debate interno, los más fervientes defensores de la generosidad asistencial eran también los más firmes partidarios de las políticas de exterminio.

Sin embargo, el sistema de pensiones acabó desarticulado y completamente destruido. No porque fuera deficitario, sino porque se había convertido en un bocado demasiado suculento. Ya desde antes de 1933, los fondos de pensiones habían ido acumulando grandes reservas gracias al crecimiento de la ocupación. Entre finales de 1932 y la caída del Tercer Reich, las reservas para las pensiones de los obreros se multiplicaron por seis; las de los oficinistas, por cinco, y las de los mineros, por once y medio. Los obligaron a invertirlas en bonos del Reich, en deuda pública, lo que sirvió para financiar las autopistas y la red ferroviaria, pero sobre todo el rearme del país. Posteriormente se utilizaron para financiar el esfuerzo bélico. Cuando concluyó la guerra y el valor de la deuda del Reich se desplomó a cero, los fondos de pensiones habían perdido el noventa por ciento de las reservas y los pensionistas se quedaron a dos velas.

EL PRECIO DE LA ACEPTACIÓN

La aceptación del régimen no era gratuita. Había que pagarla. En moneda contante y sonante. Götz Aly escribió en 2005 *La utopía nazi: cómo Hitler compró a los alemanes*, un auténtico tesoro de información sobre cómo se financió el mantenimiento del consenso, también a través de una política de asistencia social. Desde el primer momento hubo un enorme despliegue de «creatividad financiera» por parte de los «tecnócratas» leales al nuevo Gobierno para «darle al pueblo» a costa de los «ajenos al pueblo». Hasta tal punto que, en verano de 1935, el ministro de Finanzas organizó un concurso de ideas entre sus funcionarios: el reto era encontrar la mejor forma de exprimir fiscalmente a los judíos. Se celebró una segunda edición en 1938. Con la guerra, la «creatividad financiera» se desbocó. La ejercieron sin pudor con expropiaciones en los territorios ocupados y el saqueo sistemático de los recursos materiales, financieros y humanos de toda la Europa sometida. Aly llega a una conclusión: «Quien no desee hablar de los beneficios que obtuvieron millones de alemanes de a pie hará mejor en guardar silencio sobre el nacionalsocialismo y el Holocausto».

Los nazis fueron generosísimos en los subsidios a los desempleados y a los más pobres (y, llegado el momento, a las viudas y los huérfanos del conflicto bélico que habían provocado). Durante la Segunda Guerra Mundial, el Reich destinó ingentes partidas al sustento de las familias. Entre 1939 y 1945, los parientes de cada reclutado recibieron una media del 72 por ciento de los ingresos que este había tenido en tiempos de paz. Es el doble de lo que percibieron las familias estadounidenses (un 36,7 por ciento) y británicas (un 38,1 por ciento). Poco importaba que los recursos provinieran del expolio a los judíos (les arrebataron las «pensiones doradas» mucho antes de arrancarles los dientes de oro) y eventualmente de las conquistas militares y la esclavización de los no arios.

La propaganda lo presentaba como «estar del lado del pueblo». Sin novedad en el frente del populismo.

Por otro lado, tuvieron suerte. Podían presumir de un «milagro económico». Sin embargo, los historiadores de la economía coinciden en que se ha creado todo un mito en torno a ese milagro. La recuperación se produjo de forma distinta de lo que se hizo creer a la gente. Se basó en gran medida en las políticas de los gobiernos precedentes y ya había comenzado cuando Hitler llegó al poder. En 1933, el Führer les prometió a los seis millones de desempleados: «Trabajo, trabajo, trabajo». Ya en octubre de ese año, en una entrevista para el *Daily Mail*, podía vanagloriarse de haber «reincorporado al sistema productivo a 2,25 millones de parados». En 1936, la cifra de desocupados había descendido a 2,5 millones, y en 1937, a 1,6. Entre 1933 y 1938, la economía alemana creció a un ritmo comparable al de la China de las últimas décadas: una media del 9,5 por ciento anual.

Hay un encendido debate entre los historiadores acerca de cómo lo consiguieron, hasta qué punto se puede confiar en estas estadísticas, tal vez manipuladas, en qué medida contribuyeron los grandes proyectos de infraestructuras y, después, el rearme, y cuánto derivó de la recuperación del resto de Europa y del mundo. Otros países, empezando por Estados Unidos, estaban saliendo de la crisis del 29 con tasas de crecimiento similares o incluso superiores a las de la Alemania nazi. De hecho, cuando Alemania experimentó la tasa de recuperación más rápida no fue con Hitler en el Gobierno, sino a mediados de la década de 1920. La magnitud y los recursos de sus programas de creación de empleo eran equiparables a los de los Estados Unidos de Roosevelt: en ambos casos absorbieron el 2,5 por ciento del PIB. Pero había algo aún más importante que los índices de crecimiento reales: transmitir la sensación de que todo marchaba viento en popa. En efecto, los nazis supieron «vender» los éxitos económicos mejor que otros. Tal como señala Peter Fritzsche en *Vida y muerte en el Tercer Reich*, fueron más allá: lograron «revender infinitamente el futuro» y no únicamente los éxitos, de los que se presumía en menor grado que de la promesa de prosperidad. Evidentemente, nunca sabremos qué habría sucedido si la economía alemana, en lugar de crecer, hubiera empeorado, como está sucediendo en Italia.

Con todo, resulta imposible explicarse el misterio del apoyo a Hitler exclusivamente en términos de propaganda. Los nazis pulsaron teclas sensibles para la gente al atacar a intereses reales y generalizados (no solo los intereses del gran capital, como querrían los ortodoxos de izquierdas). Las ayudas concretas fueron correspondidas con una aprobación real, creciente y formidable. Lo más impresionante, y lo más difícil de entender, es cómo lograron la aceptación respecto a los comportamientos más atroces e inhumanos del régimen. ¿A cambio de un pequeño beneficio? ¿Es eso posible?

Hay muchas clases de aprobación. «Brillaba siempre el sol, reinaban el gozo, la alegría, la felicidad»: es la lírica descripción de los años treinta que escribió en sus memorias Hans Frank, el despiadado verdugo de Polonia, poco antes de morir ahorcado como criminal de guerra en Núremberg. Existen la aprobación fanática y la aprobación interesada. Y luego está la de la adicción.

> Una atmósfera pesada, sombría y asfixiante se ha instalado sobre el país, y la gente está decaída e insatisfecha con todo pero, en cambio, está dispuesta a aceptar cualquier cosa sin protestar e incluso sin inmutarse. Es una situación característica de los tiempos de tiranía. El malestar general, que los observadores superficiales siempre consideran un indicador de la fragilidad del poder, en realidad atestigua lo contrario. Un malestar sordo y difuso es compatible con un sometimiento casi ilimitado que puede alargarse durante décadas; cuando al sentimiento de desdicha se le une la falta de esperanza, como ocurre ahora, los seres humanos se limitan a obedecer, hasta que algo los sacude desde fuera y les devuelve la esperanza.

Así escribió Simone Weil a su hermano André, el gran matemático, en 1940. No hablaba de Alemania: se refería a la Francia del momento. A Simone Weil le apasionaban las analogías.

10
MEFISTÓFELES EN LA ECONOMÍA

Dos opiniones sobre el Hitler economista y una pregunta de actualidad: ¿lo eran o fingían serlo? En la Conferencia Económica de Londres de 1933, Alemania está sometida a una vigilancia especial. Hugenberg quiere poner el grito en el cielo, pero Hitler decide que «todavía no ha llegado el momento». Su prioridad es rearmarse, sin llamar la atención. Schacht le proporciona el dinero con el mismo truco que el diablo en el Fausto *de Goethe.*

«Nuestra vida depende pura y absolutamente de la economía: un asunto tan complicado que, para entenderlo bien y en su totalidad, se requeriría una inteligencia tan inmensa que ni siquiera existe [...] Dado que no había superhombres capaces de comprender esta economía tal como era, y algunos ya proponían simplificarla radicalmente para hacerla más clara y previsible, ciertos individuos encontraron su público y anunciaron su firme decisión de hacer caso omiso a la economía.

»De repente, Como-se-llame[1] estaba en boca de todos.

1. Esta es una referencia a Hitler pero, siguiendo el espíritu de este libro, el lector puede insertar cualquier nombre que le venga a la mente. *(Nota del autor)*

Ya hacía tiempo que este eminente hombre se había rodeado, en una ciudad de provincias [...], de una serie de pequeñoburgueses, asegurándoles, con una verborrea insólita en nuestro país, que se avecinaba una gran Época. Después de trabajar unos años en el circo, se ganó la confianza del presidente del Reich, un general que había perdido la Primera Guerra Mundial y le brindó la oportunidad de preparar la Segunda. Pero yo, que ya había vivido una gran Época en mi juventud, me apresuré a buscar un empleo en Praga y abandoné el país en menos que canta un gallo.» Son palabras de Bertolt Brecht en un pasaje con ecos autobiográficos de *Diálogos de refugiados*.

Simone Weil, también testimonio de esos tiempos, opinaba de forma algo distinta. Como en el caso de Brecht, la economía no era su fuerte. Sin embargo, en muchos otros ámbitos demostró mayor perspicacia que muchos de sus contemporáneos. «Probablemente, si Hitler desprecia la economía no se debe solo a que es un inútil en la materia. Es porque *sabe* [...] que la economía no es una realidad independiente, y por tanto no se rige por leyes propias y únicas, ya que, como todas las esferas de la actividad humana, la economía se rige por la fuerza [...] Me parece difícil negar que Hitler se ha forjado su propia concepción, y una concepción muy clara, de una especie de física de la materia humana [...] Tiene una noción exacta del poder de la fuerza...», señala Weil en un texto inédito de 1942.

Dos valoraciones diversas por parte de dos contemporáneos no expertos, no economistas: uno, escritor comprometido, comunista, cuyo análisis se ajusta a una interpretación «de clase» del fenómeno Hitler: populismo «bonapartista», que logra primero la aprobación de la pequeña burguesía envilecida y luego la del gran capital; por otro lado, una filósofa judía y obrerista que no soporta ningún tipo de interpretación canónica. ¿En qué consiste el *déjà vu*, la analogía con la actualidad? He de admitir que en algo muy personal. En el hecho de que, día tras día, al oír las declaraciones públicas acerca de la economía, la prima de riesgo, no sé cómo tomármelo, no alcanzo a discernir si lo son o solo fingen serlo...

VIGILANCIA ESPECIAL DE LA DEUDA

Alemania llevaba años bajo una vigilancia especial en los mercados internacionales y respecto a la toma de decisiones económicas. Estaba endeudada hasta el cuello. En 1931, la deuda exterior había superado el 100 por ciento del PIB. Era el país industrializado que más profundamente había sufrido las repercusiones de la crisis de 1929 y de la recesión mundial que siguió. Aún permanecía a la cola del crecimiento cuando otros habían comenzado a recuperarse. Sus seis millones de desempleados rabiosos constituían un fuerte motivo de preocupación, pues amenazaban la estabilidad y las arcas públicas alemanas. El país vivía en constante riesgo de bancarrota, cosa que podría arrastrar a los demás hacia el torbellino de una nueva recesión. Todos los gobiernos de la República de Weimar se habían enfrentado a un dilema imposible: o atenerse a las reglas dictadas por los acreedores internacionales, o suspender los pagos y exponerse a duras consecuencias. Quizá no se impondrían solo los «procedimientos de infracción», sino incluso una intervención armada, como había ocurrido en la cuenca del Ruhr.

Ningún país había escapado a la Gran Depresión. Ningún país la superaría de idéntica forma. La crisis había desbaratado las viejas certezas doctrinarias y las viejas alianzas sociales por doquier. No existen explicaciones sencillas e inequívocas de por qué Estados Unidos, donde los parados no eran seis sino veinticinco millones, salió adelante con el New Deal de Roosevelt, ni de cómo Alemania progresó con el de Hitler, ni de por qué el sistema democrático resistió en Francia e Inglaterra y no en gran parte del resto de Europa. Inicialmente casi todos aplicaron recetas deflacionistas y de mantenimiento de la estabilidad monetaria a cualquier precio. Luego viraron a una política de gasto público y de devaluaciones competitivas del dólar y la libra esterlina. Alemania fue el único país que no devaluó su moneda, porque podría haber soportado cualquier cosa excepto repetir la devastadora experiencia de la hiperinflación sufrida entre 1921 y 1923, cuando el marco se desvalorizó billones de veces. Nadie, ni siquiera Hitler, se habría atrevido a hacer o decir nada que reavivara entre la opinión pública el recuerdo de aquella historia de terror.

Tras la crisis de 1929, en lugar de arriesgarse a sufrir inflación y devaluación, el Ejecutivo de Brüning, con el apoyo externo de los socialdemócratas, había aplicado una política de austeridad deflacionista. Así salvó el marco y evitó la bancarrota, aunque volvió a todo el mundo en su contra. Se ha señalado que el SPD estaba insoportablemente atrapado en una pinza: por un lado, la obligación de apoyar a un Gobierno impopular a fin de defender la democracia y la Constitución de Weimar frente al asalto de la derecha y de los comunistas; por el otro, padecer las consecuencias de unas medidas deflacionistas y respetuosas con los compromisos internacionales. La pinza terminó triturando el consenso. Durante los años veinte, el fomento de la cooperación entre el mundo del trabajo y el capital había propiciado cierto bienestar, salarios elevados, el afianzamiento de los derechos laborales en las fábricas y la mejor asistencia social de Europa. Pero esto se había trabado con el desmesurado crecimiento del desempleo. Hitler en cambio le prometía algo a todo el mundo y le traían sin cuidado la ortodoxia económica, la deuda y las relaciones internacionales. El corresponsal en Berlín del *New York Evening Post*, H. R. Knickerbocker, informaba en 1932 de operarios que se quejaban de los aranceles que penalizaban los productos alemanes y concluían que con Hitler «realmente no pueden ir peor». Estaban convencidos de que solo él «mandará al infierno» a los franceses y los británicos.

EL FIN DEL CONTRATO DE GOBIERNO

En la Conferencia Económica de Londres del 12 de junio de 1933 participaron representantes de 64 países: fue una de las mayores reuniones de la historia de Europa. Debían consensuar un plan de acción para reactivar el comercio internacional y estabilizar los tipos de cambio de las divisas. Parecía un momento auspicioso, con la recuperación ya en curso. El objetivo era consolidarla. Sin embargo, no se alcanzaría ningún acuerdo. Las diferencias no solo dividían a los países: también eran patentes en el seno de cada delegación. Había quien apostaba por incrementar la colaboración transfronteriza, reducir los aranceles y suspender las barreras comerciales. En contraposición, estaban los partidarios del nacionalismo económico, del consabido «nuestros intereses primero y al diablo con los compromisos internacionales», es decir, proteccionistas con un credo similar al de Trump.

En la delegación alemana también había divergencias. El ministro de Asuntos Exteriores, Konstantin von Neurath, el ministro de Finanzas, Schwerin von Krosigk, y el gobernador del Banco Central, Hjalmar Schacht, de perfil técnico los tres, abogaban por los acuerdos internacionales y la cooperación. En una entrevista radiofónica que recogió el *New York Times*, Schacht declaró que, a juicio de los participantes en la conferencia, había dos formas de salir de la crisis: «desunirse y aceptar niveles de vida más bajos» o incrementar la «cooperación internacional», a saber, «división y pobreza» o «cooperación y prosperidad». En cambio, el ministro de Economía y Agricultura, Hugenberg, era partidario de una línea dura en materia de crédito y del proteccionismo comercial, especialmente a favor de los agricultores alemanes, y reacio a los acuerdos internacionales, que consideraba una «injerencia» en la política interior de su país. Por su cuenta, sin la aprobación del jefe de la delegación, publicó un memorándum en el que, entre alusiones racistas como «la infrahumanidad que crece en el seno de nuestras naciones», la reivindicación de colonias para Alemania y un alegato a favor de la autosuficiencia de las naciones, esgrimía que, en su opinión, la crisis se debía enteramente a la «maraña de la deuda internacional». En esencia, se trataba de una postura propagandística. La derecha siempre había recurrido al eficaz argumento de las elevadísimas reparaciones de guerra que les habían impuesto como acicate contra los gobiernos democráticos de Weimar, acusándolos de servilismo ante quienes «desean perjudicar a Alemania» e insisten en «castigarla». Del mismo modo que en la actualidad hay quien culpa de cualquier cosa a Europa y los «burócratas» de Bruselas. Con el Plan Dawes, entre 1924 y 1928 Alemania había obtenido, sobre todo de Estados Unidos, nuevos créditos por valor del 25 por ciento del PIB, muy por encima de lo que había desembolsado en las compensaciones. En 1929, Hugenberg y Hitler se habían aliado para promover un referéndum contra el nuevo Plan Dawes, con el fin de aplazar el pago de la deuda (partiendo del principio de que estaba saldada), en una iniciativa comparable a lo que supondría hoy un referéndum contra el euro. Y habían perdido. En realidad, las reparaciones habían dejado de suponer un problema: al borde de la bancarrota, Alemania había suspendido de forma unilateral el pago, y en 1932, en la Conferencia de Lausana, prácticamente habían quedado condonadas.

Neurath interpeló al presidente Hindenburg y al canciller Hitler y les señaló que la irresponsable actitud de Hugenberg había generado hostilidad hacia Alemania entre el resto de las delegaciones. Hitler no se pronunció abiertamente, pero su silencio equivalía a manifestar su acuerdo con Neurath. Durante los preparativos de la conferencia, en febrero, ya se había opuesto a Hugenberg, que exigía mayor proteccionismo y la rescisión de los acuerdos económicos considerados desfavorables para Alemania alegando que «violar los tratados sin razones convincentes socavaría la confianza en el [nuevo] Gobierno alemán». Años después explicaría: «Era demasiado pronto para llevarle la contraria a todo el mundo». El 27 de junio, Hugenberg presentó la dimisión. Hitler lo obligó a que disolviera además su partido. El «contrato de Gobierno» se había roto tras apenas seis meses. Uno de los dos firmantes le hizo la cama al otro y se quedó con todo el poder. Ningún historiador se atreve a afirmar que a Hitler le interesara esa controversia sobre la economía. Lo que sí le interesaba era el poder, y de qué manera... Ya hemos visto que los nazis anteponían la creación de consenso a las leyes económicas, sin importarles el precio. Pero ¿quién lo pagaba, y cómo? Hay quien dice: con el método de Mefistófeles.

UN INVENTO DIABÓLICO

El genial Goethe lo había anticipado. En la segunda parte del *Fausto*, el imperio está sumido en el caos: la gente roba y asesina, el comercio y la industria languidecen, la ilegalidad rige legalmente, las fuerzas del orden reclaman su paga, las arcas del Tesoro Público están vacías, es como vivir en una pesadilla. Y aparece Mefistófeles en calidad de nuevo bufón, que identifica el origen de los problemas y ofrece una solución, una fórmula para que nadie quede insatisfecho. «¿Dónde no falta algo en el mundo? A uno le falta esto, a otro aquello. Pues bien, aquí falta dinero...» Buena idea, todos lo sabemos, pero ¿cómo se consigue el dinero? La respuesta del diablo: lo hay en abundancia, oculto bajo tierra, desde los tiempos en que «las riadas humanas se desbordaron, inundando países y pueblos, y muchos, en su espanto, enterraron sus tesoros en los lugares más dispares». Sin embargo, lo extraordinario de la idea radica en que ni siquiera hay que desenterrar esos tesoros. Basta con un pedazo de papel respaldado por esos inalcanzables tesoros como garantía. Le corresponde al canciller explicárselo al pueblo: «Escuchad todos y contemplad el fatídico trozo de papel que torna las tristezas en felicidad. Que se sepa que este billete vale mil coronas. La firme garantía de su valor reside en el rico tesoro que yace bajo el suelo. Se ha dispuesto que el oro recién excavado sea sustituido por el papel...». No huele a azufre, sino a engaño, a «delito», «gran estafa». Pero, mientras funciona, nadie protesta.

El Mefistófeles de Hitler se llamaba Hjalmar Schacht. En *Uomini del Novecento*, Geminello Alvi lo retrata en una semblanza de una concisión y una eficacia excepcionales. No le merece ninguna simpatía. Su vanidad y su habilidad para mentir y servir al poder de turno destacan por encima de su talento como economista y banquero. Schacht había sido presidente del *Reichsbank*, cargo del que tuvo que dimitir en 1930. Había puesto en apuros al Gobierno de centroizquierda al proponer el repudio de las reparaciones de guerra y la deuda exterior, desentenderse de ellas. Declarar entonces que uno no tenía intención de pagar las deudas equivaldría hoy a presentar el impago y un plan de retirada del euro. En 1933, Hitler lo convocó a su servicio. Confiaba en sus destrezas, su familiaridad con todos los banqueros del mundo y sus contactos internacionales, especialmente en Londres y Estados Unidos. Luego le asignó también el Ministerio de Economía. De hecho, había sido Schacht quien había introducido a Hitler, antes de que fuera canciller, en los distinguidos salones de las finanzas y le había presentado a Schröder, el banquero que en diciembre de 1932 salvó al Partido Nazi de la quiebra por endeudamiento y posteriormente organizó en su casa los fatídicos primeros encuentros del futuro Führer con Von Papen. En cualquier caso, Schacht le dio a Hitler una idea aún más ingeniosa: cómo financiar la recuperación económica, generar empleo y contentar al pueblo sin provocar inflación y al tiempo rearmar fuertemente el país sin que nadie reparara en ello.

Y se creó el instrumento diabólico: el Instituto de Investigación para la Industria Metalúrgica (*Metallforschungsgesellschaft*, también conocido como Mefo), presuntamente inocuo. Emitía certificados de cambio con los que se abonaban los pedidos de material militar a la industria pesada, que estaban garantizados por el Banco Central y que podían canjearse en cualquier entidad bancaria. A fin de atraer a los inversores, ofrecían un interés del 4 por ciento anual, superior al del de los bonos comerciales ordinarios. Una apuesta arriesgada. Von Papen ya lo había intentado en 1932 con unos «certificados fiscales» que devengaban intereses basados en los impuestos adeudados al fisco. Nadie había mordido el anzuelo. Si la jugada del Mefo hubiera salido mal, se habrían desplomado la banca y el sistema financiero alemán. Pero salió bien. Con objeto de evitar que los compradores descontaran realmente los certificados de Mefo, el vencimiento a noventa días se extendió sostenidamente, hasta alcanzar los cinco años. Así se financió el 70 por ciento de la astronómica inversión en el rearme alemán llevada a cabo entre 1934 y 1939. En 1937, el gasto militar ya representaba el 42 por ciento del PIB. El invento sirvió para matar varios pájaros de un tiro: permitió eludir la normativa que impedía que el *Reichsbank* financiara directamente el gasto público, que a su vez podía excluirse de las cuentas estatales, con lo que se desactivaban sus efectos inflacionistas; aparte, se pudo ocultar la financiación del rearme, prohibida por el Tratado de Versalles, hasta que Hitler la reveló, sorprendiendo al mundo entero, en marzo de 1935.

Sin embargo, ni siquiera el diablo podría haber logrado que el engaño durara indefinidamente. Para mantener sus promesas (subsidios para los desempleados y los pobres, trabajo y felicidad), el Gobierno nazi gastaba mucho más de lo que ingresaba. Cuando se sumaron los gastos del rearme, Alemania rozó la bancarrota. El propio Schacht tuvo que acabar con el sistema de los bonos Mefo, que se había descontrolado. Intentó emitir bonos del Tesoro tradicionales. Consiguió colocar los primeros lotes, pero la cuarta subasta quedó desierta. Todavía no existía la prima de riesgo, pero el mensaje estaba claro.

Incluso Goebbels, que se burlaba de los expertos del sector financiero llamándolos «pobres diablos», anotó en su diario que se encontraban ante un «déficit demencial». Schacht escribió a Hitler advirtiéndole que «el crecimiento ilimitado del gasto estatal frustra cualquier intento de elaborar un presupuesto organizado y, a pesar de la enorme presión ejercida sobre la palanca recaudatoria, conduce a las finanzas estatales al borde del colapso».

No obstante, todo indica que desde un principio Hitler sabía perfectamente qué quería hacer: la guerra, la conquista del espacio vital, el *Lebensraum*, en el Este. Y para ello, cuestiones técnicas como prima de riesgo o déficit no podían importarle menos. El único escrito de política económica que cabe atribuirle a Hitler es el llamado «Memorándum sobre el Plan Cuatrienal», que redactó en el verano de 1936. Se trataba de un documento ultrasecreto. Solo Göring y el ministro de la Guerra Blomberg recibieron el texto completo. El comisario de Abastecimiento para la Guerra, Albert Speer, no lo conocería hasta 1942. Schacht nunca llegó a verlo. El plan enunciaba sin ambages las prioridades económicas: «I. El Ejército alemán debe estar operativo en un plazo de cuatro años; II. La economía alemana debe estar preparada para la guerra en un plazo de cuatro años». La determinación de desencadenar la guerra queda confirmada en las anotaciones secretas que tomó el agregado militar del Führer, el coronel Friedrich Hossbach, en una reunión de carácter altamente reservado que se celebró el 5 de noviembre de 1937 con Göring, en calidad de responsable del plan cuatrienal y comandante de la *Luftwaffe*, el ministro de Defensa, el de Asuntos Exteriores y los jefes del Estado Mayor. Hitler les explicó que el futuro de Alemania dependía por completo de que se resolviera el problema del «espacio vital». Expuso a lo largo de tres horas las opciones para acceder a materias primas, concluyendo que la solución pasaba exclusivamente por la fuerza. Dicho y hecho.

ADIÓS A LOS «TECNÓCRATAS»

Al borde del encontronazo con Hitler, Schacht tuvo que dimitir de nuevo, primero como ministro de Economía y luego como gobernador del Banco Central. Era demasiado inteligente para ignorar con quién estaba tratando cuando aceptó servir a los nazis. Sin embargo, había sido su creatividad financiera sin escrúpulos la que había proporcionado los recursos para el rearme y la guerra. Desde el banquillo de los acusados de los juicios de Núremberg se atrevería a declarar: «Habría pactado con cualquiera, incluso con el diablo, en aras de la grandeza de Alemania». Sabía jugar a varias bandas. He aquí lo que el embajador británico en Berlín, sir Eric Phipps, relató en 1936 al Ministerio de Exteriores acerca de una conversación con él: «Schacht empezó diciéndome que cualquier país extranjero que confíe en las promesas del régimen actual se llevará una terrible decepción [...] es ridículo creer que Hitler se reincorporará a la Sociedad de las Naciones, salvo para destruirla [...] en Alemania reina la anarquía. [También me confesó] que tenía pinchados los teléfonos y, por lo que sabía, en cualquier momento podía irrumpir en su despacho una patrulla de hombres de las SS y matarlo a tiros...». En unos documentos diplomáticos estadounidenses se revela que, tras escribir a Hitler manifestando su alarma por la magnitud del déficit y, en consecuencia, ser despedido, Schacht había solicitado asilo en Estados Unidos. Pero no había conseguido nada. En Núremberg se libró por poco. Solo porque había marcado distancias en el momento oportuno. De hecho, después de la conspiración de Stauffenberg y los generales contra el Führer, lo habían enviado a Dachau.

El conde Schwerin von Krosigk era un tecnócrata de carrera. Había ejercido como ministro de Finanzas en los gobiernos de Von Papen y Schleicher y se mantuvo en el cargo durante todo el régimen de Hitler. Hizo malabarismos para ayudarlo a cumplir sus promesas. El expolio a los judíos le proporcionaba un margen de maniobra nada desdeñable: cerca del 10 por ciento del PIB. Cuando el robo y la extorsión resultaron insuficientes, en su ministerio se plantearon extender los sacrificios fiscales al electorado nazi, a los beneficiarios del régimen. Y Goebbels arremetió contra los «burócratas estériles» que «no son lo bastante creativos».

El resto de «tecnócratas» que integraban el Gobierno del Führer dimitieron en 1937, uno detrás de otro, en cuestión de meses. El ministro de Guerra, Blomberg, que había obligado a la *Wehrmacht* a jurar lealtad a Hitler, tropezó con un inconveniente de índole privada. Se había enamorado de una mujer mucho más joven, una «chica del pueblo» que trabajaba de dependienta, y había decidido casarse con ella. Durante su luna de miel, la Gestapo descubrió que la nueva Frau Blomberg tenía un pasado como prostituta. Peor aún: había posado desnuda para el fotógrafo judío con el que había vivido. Hitler montó en cólera: «Si un mariscal de campo alemán se casa con una puta, realmente puede pasar cualquier cosa». Lo obligaron a presentar la dimisión. Poco después, el comandante supremo del Ejército, el general Werner von Fritsch, corrió la misma suerte tras ser falsamente acusado de homosexualidad. También destituyeron al ministro de Exteriores Von Neurath para que cediera el puesto a Von Ribbentrop. Ambos tenían una sola cosa en común: haber expresado sus reservas acerca de los planes de conquista expuestos por Hitler en la reunión secreta documentada únicamente en las notas de Hossbach.

(En 2019, cuando la edición italiana de este libro estaba a punto de ir a imprenta, Donald Trump ya había perdido a más de la mitad de su Gobierno. Y mis compatriotas y yo nos preguntábamos qué iba a hacer el ministro de Economía Giovanni Tria cuando se diera cuenta de que sus empleadores no solo lo parecen sino que lo son, y de que además querían realmente arrastrarnos al abismo.)

11
PREDICCIONES Y PROFECÍAS

La mayoría no se había dado cuenta. Pero algunos lo habían visto venir con mucha antelación, incluso demasiada. Hitler se jactaba cada dos por tres de ser un profeta. Sus primeras profecías sobre el exterminio de los judíos fueron un cruel chantaje para obligar a otros países a hacerse cargo de los refugiados. La maldición de los populistas: cumplir las promesas, aun las más atroces.

El día del nombramiento de Hitler como canciller, Erich Ludendorff envió al parecer una nota manuscrita al presidente Hindenburg, con quien mantenía una relación de confianza desde que habían compartido el mando supremo de los ejércitos del Káiser, durante la Primera Guerra Mundial: «Hago una solemne profecía: este hombre endiablado conducirá al Reich al abismo y causará un sufrimiento inenarrable a nuestra nación. Las generaciones futuras lo maldecirán en la tumba por sus actos». Ludendorff tampoco resultaba un tipo demasiado recomendable, pues era un reaccionario declarado, fanático y antisemita, enemigo acérrimo de la República de Weimar. Pero conocía bien a Hitler: habían colaborado en el fallido *Putsch* de Múnich de 1923.

Fueron muchos los que no prestaron demasiada atención a lo que estaba ocurriendo. Y no por falta de interés en Hitler y su movimiento. Al contrario: la prensa no hablaba de otra cosa. Desde 1930, el Gobierno de Brüning había dedicado sesiones enteras a analizar y debatir las razones del tirón electoral y las perspectivas políticas del nazismo. También la izquierda se había esforzado por comprender el fenómeno y no solo exorcizarlo. Sin embargo, los acontecimientos de 1933 cogieron por sorpresa a mentes preclaras, intelectuales prestigiosos y políticos con una amplia experiencia. No supieron calibrar la gravedad del síndrome en curso. Algunos tardarían largo tiempo en advertirla. Otros en cambio lo habían intuido mucho antes de que brotara. Quizá en exceso y demasiado pronto.

La ciudad sin judíos es el título de un libro publicado en Viena en 1922. «Una novela de pasado mañana», rezaba el subtítulo. Fue un auténtico éxito. Se vendió un cuarto de millón de ejemplares. En 1924 se llevó a la gran pantalla. La cinta se daba por perdida hasta que en 2019 fue descubierta en un mercadillo parisino, y hoy puede verse íntegramente en YouTube. Aun así, yo recomendaría el libro. Su autor, Hugo Bettauer, nació en una acaudalada familia judía, originaria de Galitzia. A los dieciocho años se convirtió al cristianismo. Recorrió el mundo, obtuvo la nacionalidad estadounidense y regresó a Europa para ejercer como periodista en Berlín. En la novela no se nombra la ciudad, pero se trata de Viena a principios del siglo XX. El pueblo, inmerso en el malestar generado por la crisis económica («Tras la supuesta recuperación, que duró dos años, las finanzas volvían a desmoronarse»), escoge como canciller a un populista que promete una solución a los problemas: expulsar a los judíos. Los socialdemócratas «se habían presentado a las elecciones sin un nuevo programa» y habían sufrido una derrota aplastante, al igual que los comunistas y los liberales. «Incluso las masas obreras habían votado al grito de "¡Fuera los judíos!".»

Con un apasionado discurso en el Parlamento, el nuevo canciller presenta el «Decreto para la exclusión de todos los no arios». Establece que en un plazo de seis meses sean expulsados los 500.000 judíos que viven en el país. Para los que intenten quedarse subrepticiamente o procuren «marcharse con una suma de dinero superior a la permitida» estipula la pena de muerte. Prohíbe expresamente cualquier excepción a favor de enfermos y ancianos o de quienes «hayan hecho méritos especiales para con el Estado». Aunque se prevé una salvedad: «los hijos de matrimonios mixtos», siempre que los progenitores no hayan vuelto a mezclarse con judíos. Cuando los socialdemócratas anuncian que votarán en contra de ese documento «de ignominia humana», los acallan lanzándoles bolas de papel y objetos varios. La ley es aprobada y recibe incluso el voto del único diputado sionista. A su salida, el canciller es aclamado por una multitud exultante; risueñas jovencitas le ofrecen flores, recibe besos y abrazos. «Al caer la tarde estalla la alegría infinita del pueblo.»

Se trata de una profecía exacta, que acierta en cada detalle (incluidas cuestiones normativas y legislativas) de lo que sucedería dos décadas después en Alemania. Es más: augura los suicidios, los trenes en los que se hacinan los deportados «con la ayuda de locomotoras prestadas por los Estados vecinos», con la astucia de hacer partir los convoyes «sobre todo de noche» y «desde estaciones de maniobras situadas fuera de la ciudad». Reinan el entusiasmo y la satisfacción popular, «incluso entre la clase trabajadora», aunque solo sea porque la retirada de los judíos alivia la escasez de viviendas.

La única diferencia respecto a los acontecimientos reales es el final feliz, un *happy ending* tal vez influido por las largas estancias del autor en Estados Unidos: sin judíos, la ciudad cae en la ruina, la economía y la vida cultural languidecen. La gente empieza a sentir nostalgia y remordimientos y reivindica fervorosamente el retorno de los expulsados.

Bettauer pagaría caras sus profecías. Fue sometido a un auténtico linchamiento por parte de la prensa de derechas, por sus novelas y también por el semanario de educación sexual que dirigía, *Er und Sie*, «Él y ella», una «revista semanal de vida, cultura y erotismo», tildada de «obscenidad» destinada a «minar la moral de la juventud aria». En 1925, un técnico dental en paro disparó contra él y acabó con su vida. La defensa del asesino corrió a cargo de un colectivo de abogados nazis. Lo declararon enfermo mental y, tras pasar catorce meses en un manicomio, salió en libertad.

Otro «profeta» destacable fue Siegfried Lichtenstaedter. Ya ha aparecido en estas páginas con su teoría acerca de que la envidia catalizaba el odio hacia los judíos. Como hemos señalado, él también era judío, licenciado en Derecho y Lenguas Orientales por las universidades de Erlangen y Leipzig. De día ejercía de funcionario en el Servicio de Finanzas de Baviera, de noche escribía novelas repletas de predicciones sobre las amenazas de su época. Según Götz Aly, quien me lo descubrió, la vida de Lichtenstaedter recuerda a la de otro imaginativo profeta de quien fue casi contemporáneo: Franz Kafka. Resulta pasmosa la cantidad de vaticinios de Lichtenstaedter que se cumplieron. En una obra en dos volúmenes titulada *Das neue Weltreich: Psychologische und politische Phantasien* («El nuevo imperio universal: fantasías psicológicas y políticas»), definió el género que cultivaba como «adivinación histórica» o «historiografía del futuro». Publicada entre 1901 y 1903, esa obra predijo el desembarco de tropas italianas en Trípoli (acaecido en 1911) y el pantanal de los Balcanes, «el rincón inestable de Europa». Su ficción de principios del siglo xx anticipó una «espeluznante» masacre perpetrada por los turcos contra los armenios de Anatolia en 1912. Y ocurrió exactamente así. Imaginó además con acierto que en 1939 se produciría una acción represiva de Alemania contra Praga y el *Anschluss* con Austria. Del mismo modo, aún en 1903, presagió que en 1945 llegaría a Praga «un comisario ruso para la administración de los países eslavos orientales liberados». En 1926, cuando los nazis todavía se hallaban lejos del poder, publicó *Antisemitica*, una colección de relatos breves, «un poco serios, un poco ligeros, un poco verdaderos, un poco inventados», en la que auguraba que se culparía a los judíos de los pecados más abominables. En esta obra también abundan las predicciones ficticias que se harían realidad. Por supuesto, hay algún error menor. Por ejemplo, en una de las historias, el suceso que desencadena la oleada de odio antisemita acontece en 1999...

A partir de 1933, Lichtenstaedter se volcó en lograr que el mayor número posible de judíos abandonara Alemania. Instó a «no obstinarse ofuscada o resignadamente a permanecer en un lugar que ya no pertenece a los judíos». «Dios no quiera que sea demasiado tarde», escribió en 1937. Llegó a profetizar que, en contraposición al relato bíblico del Éxodo, esta vez las aguas del mar no se abrirían para dejar paso al pueblo de Israel, antes de cerrarse destruyendo a sus perseguidores. Él mismo emigró a Palestina en 1938, a los setenta y tres años. Pero, inexplicablemente, decidió regresar a Alemania. ¿Acaso, como tantos visionarios, era ciego al presente más inmediato? Obligado a adoptar un nombre hebreo en sustitución del teutónico Siegfried, escogió Sami y no Israel. En junio de 1942 fue deportado a Theresienstadt, donde murió seis meses más tarde.

El siglo XX es el siglo de las grandes profecías literarias. A menudo fueron los escritores quienes vislumbraron con mayor claridad lo que estaba a punto de suceder. En ocasiones con notable anticipación. En *Nosotros*, que data de 1920, el moscovita Evgueni Zamiatin imaginó un «Estado único» gobernado por un «Gran Benefactor», reelegido por cuadragésima octava vez por sus beneficiarios, por unanimidad después de que los «enemigos de la felicidad» hayan sido erradicados. No se refiere explícitamente a la Rusia soviética, pero el régimen comprendió de qué trataba y se prohibió su publicación (en Rusia solo aparecería una edición íntegra en 1988, en vísperas de la caída de la URSS). En 1931 Zamiatin solicitó personalmente a Stalin permiso para emigrar. Le fue concedido. Vivió en París hasta el final de sus días. Entre lo poco que escribió destaca una irónica autoentrevista —descubierta y publicada en 1972— sobre el significado de *Nosotros*: «Una vez, en el Cáucaso, oí una fábula persa sobre un gallo que cantaba una hora antes que el resto. Era tan molesto que el amo le retorció el pescuezo. La novela es un poco como ese gallo persa...».

Otras dos grandes distopías proféticas, *1984*, de George Orwell, y *El mundo de los acusados*, de Walter Jens, son posteriores, publicadas en 1949 y 1950 respectivamente. En cierto modo son profecías *post factum*. Presentan pesadillas totalitarias proyectadas hacia el futuro, pero basadas en lo percibido en el presente o en el pasado inmediato. Lo profético radica en haber captado o interpretado desde un prisma distinto aspectos que ni siquiera quienes vivieron determinados acontecimientos advirtieron o supieron calibrar. En *1984* aparece también la manipulación de la historia y del lenguaje, la «neolengua» que, en palabras de Orwell, sirve «para que las mentiras parezcan verdades y los asesinatos parezcan respetables». Coincidiría con el planteamiento de Victor Klemperer en *LTI: la lengua del*

Tercer Reich. En *El mundo...*, el profesor de retórica Jens imagina una sociedad aterradora, gobernada por un Juez Supremo, en la que la población se divide entre acusados, testigos contra los acusados y jueces. Sin embargo, algunos han observado que, especialmente en Alemania, en el momento de su publicación ambas novelas fueron leídas como denuncias más del estalinismo que del nazismo, aún fresco en la memoria.

De la irónica imaginación de Erich Kästner brotaron asimismo numerosas profecías. La novela *Fabian: la historia de un moralista* contiene una extraordinaria: el protagonista sueña con una «máquina enorme [...] en torno a la cual se afanaban obreros semidesnudos, armados con palas, que arrojaban a cientos de miles de niños pequeños a una gigantesca caldera en la que ardía un fuego vivísimo» y otras escenas infernales y de destrucción propias de la guerra. La obra se publicó en 1931. ¿Cómo pudo Kästner prever Auschwitz, la Segunda Guerra Mundial, los niños abrasados, las ciudades en llamas arrasadas por los bombardeos?

Las profecías no tienen por qué ser explícitas o detalladas. Ni *ex ante*. De hecho, resultan más eficaces los presagios crípticos, como las respuestas de la pitia del oráculo de Delfos. En mi opinión, Franz Kafka vaticinó como nadie la honda angustia de esos tiempos, y de los nuestros. No obstante, Hans Fallada ofrece un excelente testimonio de la Alemania de los años treinta, y se revela particularmente profética la novela autobiográfica *El bebedor*, ya mencionada. No trata directamente de política. Narra un descenso personal, individual, al infierno del alcoholismo y señala sin piedad cómo este implica mentir constantemente a los otros, pero sobre todo a uno mismo. El mayor autoengaño es repetirse una y otra vez: puedo dejarlo cuando quiera. Y esta fue la gran mentira colectiva en la que los alemanes se instalaron en 1933. ¿Estaremos también autoengañándonos?

En ocasiones, descubro algo profético en los cuentos de hadas. Durante el Tercer Reich gozaba de gran popularidad la leyenda, recuperada por los hermanos Grimm, en la que los niños de Hamelín van alegres, encantados, tras el flautista que los arrastra a su perdición, igual que los alemanes se entregaron al hombre que los conduciría a la catástrofe. Sin embargo, hay algo más extraño y más difícil de explicar: ¿por qué tantos siguieron creyendo en Hitler cuando ya había causado el desastre? ¿Por puro fanatismo? ¿Por costumbre? ¿Quizá por miedo? ¿O por falta de alternativa?

La fábula de un genial narrador norteamericano de principios del siglo XX ofrece una posible respuesta. Al final de *El maravilloso Mago de Oz*, de L. Frank Baum, el terrible mago se nos revela como lo que es en realidad: un embaucador. No obstante, cuenta con la aprobación de la gente porque les da lo que quieren. Él mismo confiesa que es un mero charlatán a los héroes de la historia: Dorothy, el Espantapájaros, el León Cobarde y el Hombre de Hojalata. Quienes poco después le piden un último milagrito...

CHANTAJES MEDIANTE PROFECÍAS

Ya hemos señalado que a Hitler le encantaba hacerse pasar por profeta. Su más famoso y escalofriante augurio es el que pronunció el 30 de enero de 1939, en un discurso ante el Reichstag: «He sido profeta muchas veces a lo largo de mi vida. A menudo se han reído de mí, pero siempre he estado en lo cierto. En la época de la lucha por el poder, los judíos se burlaron de mí cuando dije que asumiría el liderazgo de la nación [...] Se rieron a carcajadas, pero esa risa ya se ha apagado en sus gargantas. Quiero profetizar algo más: si el sistema financiero judío internacional lograra sumir al mundo en una nueva guerra, el resultado no sería la bolchevización del planeta, y por tanto la victoria del judaísmo, sino la aniquilación de la raza judía en Europa».

Retomaría esta idea reiteradamente. En un discurso a la «vieja guardia» nazi, el 8 de noviembre de 1941, anunció: «Puede que [los judíos] se rían de ello, como se rieron de mis otras profecías. Pero en los próximos meses y años se demostrará que en esto también tengo razón». Ya había arrancado la Operación Barbarroja y los *Einsatzgruppen*, las unidades operativas formadas por hombres de las SS, la Policía y la *Wehrmacht*, ya estaban perpetrando la masacre sistemática de judíos y comunistas en las zonas conquistadas. Y de nuevo, el 30 de septiembre de 1942, con el exterminio en pleno desarrollo, proclamó: «Sabemos que esta guerra puede desembocar en el aniquilamiento del pueblo ario o en la desaparición de los judíos de Europa [...] Esta guerra —y ustedes saben que no hago pronósticos precipitados— no acabará como imaginaron los judíos, sino con la destrucción del judaísmo. Aplicaremos por primera vez el viejo dicho judío: ojo por ojo, diente por diente...». Y a continuación: «Declaré que [...] los judíos serían aniquilados y volvieron a reírse de mis profecías en nuestro país. No sé si aún se ríen o si su risa se ha extinguido. Pero puedo afirmar lo siguiente: su risa se apagará en todas partes». Asimismo, en febrero de 1943, repite: «Siempre se burlaron de mí como profeta. Muchos de los que rieron entonces ya no ríen hoy, y los que todavía ríen quizá pronto dejen de hacerlo».

Extraña obsesión, la de los nazis, por el ridículo, por ahogar la risa de sus oponentes. En 1933, Goebbels anotó complacido en su diario «la conquista de Berlín», la ciudad que más se había resistido a los nazis y los había obligado a un largo asedio mediante «campañas»: «Tuvimos la suerte de que los marxistas y la prensa judía no nos tomaron en serio durante todo ese periodo. [...] Más tarde yo mismo lamentaría a menudo y con amargura que no nos conocieran en absoluto o que, cuando nos conocían, solo les hiciéramos sonreír...», escribió.

Mucho se ha novelado sobre las supersticiones de Hitler, su pasión por el ocultismo, sus frecuentes visitas al «mago» (en realidad, ilusionista de cabaret) Erik Jan Hanussen, que predijo sus victorias electorales en 1932 y su nombramiento como canciller, y luego desapareció misteriosamente. Pero no había que ser vidente para «ver» esas cosas: habría bastado con no estar ciego. Si uno quiere, puede descubrir profecías por doquier. Tan divertidas como fútiles resultan, por ejemplo, las innumerables apariciones de Hitler y su entorno que alguien se tomó la molestia de localizar en los cuartetos de Nostradamus, del siglo XVI. Aquí me interesa otra clase de profecías: las que enuncian un plan y adoptan carácter de promesa. Es bien conocido: la promesa de Hitler respecto a los judíos se cumplió, la profecía se hizo realidad despiadadamente. Menos conocido es el contexto en el que se formuló por primera vez, en 1939: un auténtico chantaje al resto de Europa y del mundo sobre la acogida de inmigrantes.

Como hemos apuntado, en 1938 se había celebrado en Evian la primera Conferencia sobre Emigración, en la que participaron treinta y dos países invitados a dar asilo a una parte de los judíos de los que los nazis querían despojarse. La había impulsado Roosevelt, presionado por la campaña populista contra «la invasión» de refugiados. El presidente estaba a punto de presentar su tercera candidatura a la Casa Blanca. Temía una derrota por la cuestión de la inmigración. En Evian se desplegó una exuberante retórica en torno a la necesidad de hacerse cargo de los refugiados y de compartir la responsabilidad. Pero no se concretó nada. Todos vacilaban, en especial después de que el Gobierno alemán anunciara que no permitiría a los judíos sacar recursos financieros del país. Se habían iniciado conversaciones entre Berlín y enviados de Washington para costear la salida de 150.000 judíos, a los que más adelante se unirían sus familias. Hitler amenazó con dinamitar la negociación aduciendo que había «terceros países que de repente se niegan a aceptar a judíos poniendo cualquier excusa». Parecía una amenaza: si no los acogéis, los exterminaré. Si los perseguidos se hubieran hallado en el mar, habría sonado así: o los acogéis uno por uno, o no les permitiré desembarcar y dejaré que se ahoguen.

El lenguaje zafio, tras una máscara de villano, las bravuconadas retóricas y las hipérboles son constantes del discurso populista. Se recurre a ellos para «hablar como el pueblo», «hacerse entender como el pueblo». Pero nunca son neutrales ni inocentes. Quien hace propaganda se ve obligado a cumplir su palabra, como señaló el historiador alemán Martin Broszat a propósito de la retórica incendiaria y apocalíptica de Hitler. Observó que la popularidad del Führer respondió en gran medida al hecho de que expresaba abiertamente, brutalmente y en voz alta lo que su público pensaba en su fuero interno. Una vez llegan al Gobierno, los populistas fingen ser moderados, estadistas, como si durante años no hubieran despotricado, por ejemplo, contra los judíos, atribuyéndoles la intención de acabar con Alemania, llamándolos parásitos, sanguinarios, gusanos, virus que infectan la nación, o como si jamás hubieran arremetido contra los inmigrantes, tachándolos de delincuentes, violadores, terroristas y portadores de enfermedades.

Lo que declaran antes de gobernar no siempre son palabras que se lleva el viento. Conviene tomar buena nota de ellas. Se suele creer (o esperar) que ciertas exuberancias constituyen meras exageraciones, recursos retóricos, intemperancias pasajeras, hipérboles, en definitiva. Sin embargo, hay un rasgo en común entre los populistas que alcanzan el poder: el afán por mantener sus promesas electorales, por obrar como anunciaron que obrarían, pase lo que pase, a cualquier precio. Como si los aterrara ser tildados de incumplidores y pretendieran distinguirse de sus predecesores, a los que acusaban de afirmar una cosa y hacer otra. En su primer (y, cuando escribo estas líneas, único) mandato, Trump prometió el muro antiinmigración y empezó a construirlo a pesar de enfrentarse al *shutdown* del Gobierno; prometió proteccionismo e impuso aranceles sin inmutarse, ignorando las consecuencias en la economía mundial... Salvini prometió acabar con los desembarcos de inmigrantes y con los mandatos de Europa... Y parece que de vez en cuando la oposición le reprochó que no cumpliera sus promesas. Dados sus antecedentes, no sé si realmente deberíamos esperar que mantengan su palabra.

CONTAR HASTA MIL

Para subrayar la ruptura con los gobiernos previos, la Alemania del Führer pasó a llamarse Tercer Reich. Los nazis se autodenominaban revolucionarios. En comparación con Italia, donde hemos superado mil veces la Primera República y vivimos un cambio revolucionario casi cada día, que Hitler se detuviera en la Tercera parece un acto de modestia. Francia, que ha llevado a cabo varias revoluciones, se ha quedado en la Quinta República, la de De Gaulle. Para compensar, los italianos somos sobrios respecto a la duración: pensamos en términos vagos como «por un tiempo» o, si hay intención de «alargarse», como dicen en Roma, en plazos de «legislatura». Ciertamente, cuando alguien se ha atrevido a hablar de «décadas» o incluso a pronunciar un «para siempre», siempre se ha interpretado como una broma, lejos de ser una profecía o un buen augurio. Sin embargo, se suponía que el Tercer Reich duraría más de un milenio. Siempre manejaban grandes cifras: «La defensa de Europa contra el bolchevismo constituye nuestra misión para los próximos doscientos o trescientos años», les comentó Hitler a tres obispos católicos a los que recibió en 1934, poco antes de la Noche de los Cuchillos Largos. Francamente, concederse un margen de acción de siglos o milenios denota bastante inseguridad. Al final, todo se redujo a apenas una docena de años, de 1933 a 1945. Un suspiro. Pero también la prueba de que se puede infligir un daño incalculable en poquísimo tiempo.

«La era Trump podría durar treinta años», rezaba el eficaz título de un artículo de Gideon Rachman, uno de los más respetados analistas del *Financial Times*. No se refería únicamente a la presidencia de Estados Unidos (limitada a dos mandatos), sino a una «era populista» general: la era del Brexit, de una Europa estancada, del Brasil de Bolsonaro, con Orbán en Hungría, Salvini en Italia y otros admiradores de Trump dispersos por el mundo. Evidentemente, se trataba de una provocación, o tal vez un supersticioso intento de conjurar ese peligro. Desde el siglo pasado hemos vivido diversos ciclos que han abarcado varias décadas: las *Trente Glorieuses*, la edad de oro del capitalismo, con un intenso crecimiento en Occidente entre 1945 y 1975, y luego el neoliberalismo de Reagan y Thatcher, que pareció perder prestigio con la crisis financiera mundial de 2008. En China, a los treinta años de la era de Mao siguió la apertura económica de Deng Xiaoping, que en esencia aún está en curso. Pero todo acaba saliendo en la colada, y creo que en efecto flota en el aire un nuevo giro histórico. Sin embargo, para durar treinta años, la «era populista» debería estar en condiciones de mantener no solo el impulso electoral (algo factible), sino también su promesa de mejoría y desarrollo (algo aún en entredicho).

El encanto de las grandes democracias representativas reside en que las tendencias electorales van y vienen. Nadie puede dar por sentado que ganará en las urnas, por más que todo apunte a una victoria clara o que la iniciativa electoral haya sido suya. Siempre hay cambio, alternancia en los gobiernos. Arthur Schlesinger, el gran estudioso de los ciclos políticos, hablaba del «péndulo» para referirse a la oscilación entre fases de apertura y de cierre en la democracia estadounidense. Pero ni siquiera el péndulo ofrece certezas. Nada garantiza que el mecanismo que hemos adoptado como modelo siga funcionando. Hoy en día quizá nos encontremos ante un síntoma de un síndrome grave y duradero. El psicoanalista freudiano ortodoxo Erich Fromm, que se vio obligado a huir de Alemania en 1934 por ser judío, identificó pulsiones profundamente arraigadas que explicarían la «huida de la libertad» generalizada en la Europa de su tiempo. También Yascha Mounk, en su brillante *El pueblo contra la democracia*, detecta una huida generalizada de la democracia liberal, a la que nos habíamos acostumbrado, o más bien acomodado, y nos parecía definitiva, al menos en Norteamérica y Europa occidental. También en la Alemania de Weimar consideraban irreversibles la democracia representativa, las elecciones libres y la concurrencia de diversos partidos. Sin embargo, cuantas más votaciones se celebraban, mayor era el empantanamiento político. Ya hemos visto cómo terminó todo.

¿Algún pronóstico? Ninguno. Con este libro no pretendía hacer predicciones, y menos aún vaticinios. Aparte, de poco servirían. Casandra, la hija de Hécuba y Príamo, poseía el don de formular profecías acertadas, pero nadie la creía. Cuando anunció la caída de Troya, estuvieron a punto de lincharla. Es bien conocida la aversión que despiertan los profetas, en especial entre su propio pueblo (*nemo propheta in patria*). Se exponen a que los tilden de exagerados o de agoreros. Los que sí suelen disfrutar de popularidad son los falsos profetas. En la Roma y la China de la Antigüedad, la adivinación vivió un momento de esplendor. Más adelante, hacia el siglo IV del Imperio romano, fue rigurosamente prohibida. Se castigaba con pena de muerte a adivinos, arúspices y astrólogos (*mathematici*), es decir, a todos los que presagiaban el futuro y, salvo durante un breve periodo, también a quienes acudían a ellos. Los estudiosos coinciden en que esa medida responde principalmente a razones políticas: los que detentan el poder no desean que circulen conjeturas sobre ellos, salvo que sean oficiales y autorizadas.

Las analogías no representan una predicción. Que circunstancias similares desembocaran en determinados hechos no implica que el resultado se repita. Crucemos los dedos, porque podría ser peor. Para concluir acompañados de Shakespeare: «¡Oh, dioses! ¿Quién puede decir: "Estoy en mi peor momento"? Yo estoy peor de lo que nunca estuve. / Y todavía puedo estar peor; lo peor no llega mientras podamos decir: "Esto es lo peor"».

O gods! Who is't can say «I am at the worst»?
I am worse than e'er I was.
...
So and worse I may be yet: the worst is not
So long as we can say «This is the worst».

El rey Lear, acto IV, escena I

LECTURAS SOBRE Y EN TORNO A 1933

Todo lo que uno desee saber (y también cosas que uno obviaría de buena gana) acerca del poder cognitivo de las analogías figura en *Surfaces and Essences: Analogy as the Fuel and Fire of Thinking* («Superficies y esencias: la analogía como combustible y fuego del pensamiento»), de Douglas Hofstadter y Emmanuel Sander (Basic Books, 2013). Hablando de analogías, me recuerda a mi enfoque de los años treinta en relación con nuestro presente el muy bien documentado *Síntomas mórbidos. Anatomía de un mundo en crisis* del estudioso de Historia Comparada de Europa Donald Sassoon (Crítica, 2020, traducción de Héctor Piquer Minguijón), que por desgracia descubrí cuando la edición italiana de este libro ya estaba en imprenta.

EL *BOOM* DE LOS AÑOS TREINTA

La literatura sobre «Alemania 1933», la caída de la República de Weimar, la toma del poder por los nazis y el Gobierno de Hitler es inagotable. Aquí me limito a enumerar, esperando que sean útiles al lector, pero sin la aspirar a la exhaustividad, algunos de los títulos a los que me he referido.

El clásico *Auge y caída del Tercer Reich* (Planeta, 2010, traducción de Jesús López Pacheco), del entonces corresponsal de la CBS en Berlín, William Shirer, publicado originalmente en 1960, ha sido considerado durante mucho tiempo el texto de referencia, y reeditado varias veces en traducción italiana por Einaudi. Se le han sumado numerosas obras de gran envergadura, tratados amplios que pretenden ser completos. Hay quien ha señalado que, en el campo de los estudios sobre el Tercer Reich, y especialmente en el de las biografías de Hitler, se avanza por ciclos. A los momentos de fatiga, en los que parece que ya se ha dicho todo lo que cabría decir, siguen periodos de renovado interés, incluso de auténtico *boom*, según los responsables de la última edición del *Vierteljahrshefte für Zeitgeschichte* («Anuario Alemán de Historia Contemporánea»), publicado por el Instituto de Historia Contemporánea de Múnich y Berlín, dedicado a las nuevas investigaciones sobre Hitler (*German Yearbook of Contemporary History. Hitler New Research*, vol. 3, 2018). Parece que desde 2015 vivimos un nuevo auge: no deja de publicarse y escribirse sobre los años treinta, el fascismo y Mussolini, Hitler y el nazismo. Tal vez con razón, dados los tiempos que corren y los aires que soplan en la política de un extremo a otro del planeta. Al fin y al cabo, la interpretación en términos de *déjà vu* de este libro nace de la actualidad.

Quizá tampoco sea casualidad que muchos de los autores de las investigaciones más recientes no sean historiadores profesionales, sino periodistas. Por ejemplo, Volker Ullrich, historiador, periodista (de *Die Zeit* de Hamburgo) y autor de una monumental nueva obra sobre Hitler, en dos pesados volúmenes, el primero de los cuales, con más de mil páginas, apareció en 2013 (hay traducción al inglés: *Hitler. Volume I: Ascent 1889-1939*, pero, en el momento de escribir estas líneas, no al español). Igual de monumentales son los estudios, también dedicados a Hitler, publicados en 2015 por los historiadores alemanes Wolfram Pyta y Peter Longerich.

Y pensar que parecía que el mercado de las biografías de Hitler se había saturado cuando en 1998 salieron los dos enormes volúmenes de *Hitler*, de Ian Kershaw (ahora disponible en un solo volumen en Península). También de Kershaw, el lector español tiene *Hitler, los alemanes y la solución final* y *El mito de Hitler: imagen y realidad en el Tercer Reich*, ambos publicados en Paidós. Hay otro libro ágil pero denso: *El Hitler de la historia: juicio a los biógrafos de Hitler* (Turner, 2003, traducción de Saúl Martínez), del estadounidense de origen húngaro John Lukacs, que escribió en 2005 el clarividente *Democracy and Populism: Fear & Hatred*. Para enumerar todas las biografías de Hitler necesitaríamos un volumen mucho mayor que el presente. Aquí no hemos tratado en absoluto temas como la personalidad de Hitler, la vida privada de Hitler, la biblioteca de Hitler, las obsesiones de Hitler, etcétera. Las analogías se ciñen a la acción política, a los hechos, no a los personajes. Así que solo señalaré, entre las obras generales de las que he extraído referencias, la de Thomas Childers, *El Tercer Reich: una historia de la Alemania nazi* (Crítica, 2019, traducción de Fernando Bogado).

LAS ELECCIONES

Uno de los temas que más me han fascinado es el de las elecciones. Childers, que se jubiló recientemente tras haber enseñado en las principales universidades de Norteamérica y Europa, y en los últimos tiempos, en la Universidad de Pensilvania, escribió un estudio extremadamente detallado del electorado nazi: *The Nazi Voter: The Social Foundations of Fascism in Germany, 1919-1933* (The University of North Carolina Press, 2010). Lo precedió en la década de 1980 el igualmente denso *Who Voted for Hitler?*, de William Hamilton (Princeton University Press, 1982). Sigo encontrando muy útil *The Collapse of the Weimar Republic*, de David Abraham (Holmes & Meier, 1986), especialmente la segunda edición, de la que tomé las tablas del capítulo 5 y las cifras sobre coaliciones potenciales y actuales del apartado «¡Es la coalición, estúpido!». Me parece apasionante la complejidad de los flujos electorales en la República de Weimar, que no admite simplificación. Por Hitler no solo votaron la pequeña burguesía y los comerciantes rabiosos, y no tanto los capitalistas, como querría la ortodoxia de izquierdas, sino personas de todos los orígenes sociales, incluidos gran número de obreros y de parados. Lo votaron los protestantes, pero no los católicos. Lo votaron en ciertas regiones, pero no en otras. Para un análisis amplio de las diversas posturas y perspectivas que han derivado de décadas de investigación sobre el tema, véase Gary King, Ori Rosen, Martin Tanner y Alexander F. Wagner, «Ordinary Economic Voting Behaviour in the Extraordinary Election of Adolf Hitler», en *The Journal of Economic History*, vol. 68, n.º 4, diciembre de 2008. Encontramos un extenso análisis de las bases sociales del voto desglosado por partidos, no solo del Partido Nazi, en «The Social Bases of Political Cleavages in the Weimar Republic, 1919-1933», de Jürgen W. Falter, en *Historical Social Research, Supplement*, 2013, y William Brustein, *The Logic of Evil: The Social Origins of the Nazi Party, 1925-1933* (Yale University Press, 1998).

El texto de Kurt Tucholsky sobre la multiplicación de partidos y partiditos es una adaptación de Antonella Ottai para el espectáculo dirigido e interpretado por Bruno Maccalini *Grotesk! Ridere rende liberi*, basado en la obra *La risa nos hará libres: cómicos en los campos nazis* (Gedisa, 2020).

Sobre los acontecimientos políticos, maniobras e intrigas que llevaron a Hitler a la Cancillería, la obra de referencia sigue siendo *A treinta días del poder* (Edhasa, 2002, traducción de David León Gómez), del historiador de la Universidad de Yale Henry Ashby Turner Jr., publicado en Italia por Mondadori en 1997. Suyo es también el estudio *German Big Business and the Rise of Hitler* (Oxford University Press, 1985), que desmiente el mito de que fueron los industriales alemanes quienes auparon a Hitler al Gobierno. Por supuesto, algunos lo financiaron y casi todos le siguieron la corriente y salieron ganando, pero fue la política, incluidas la errada estrategia del centro y la táctica suicida de la izquierda, la que lo condujo al poder, no las finanzas. Otro referente esencial sobre 1933 es el breve pero denso *Germans into Nazis* (Harvard University Press, 1998), del profesor de la Universidad de Illinois Peter Fritzsche, nacido en Alemania. Suyo es también el muy ameno *Vida y muerte en el Tercer Reich* (Crítica, 2009, traducción de Luis Noriega), del que extraje la información sobre el saludo *Heil Hitler!* y algunos aspectos del consenso, y *Rehearsals for Fascism: Populism and Political Mobilization in Weimar Germany* (Oxford University Press, 1990), acerca de la disolución de los partidos del *Bürgerblock*, el centroderecha «burgués», que culminó en las elecciones de 1930. Un último texto sobre la disolución de los antiguos partidos de centro y centroderecha: Larry Eugene Jones, *German Liberalism and the Dissolution of the Weimar Party System, 1918-1933* (University of North Carolina Press, 1988).

Sobre el «socio» de Hitler en el contrato de Gobierno de 1933, el magnate de los medios de comunicación y jefe del Partido Nacional del Pueblo Alemán, Alfred Hugenberg, el estudio más reciente es *The Fateful Alliance: German*

Conservatives and Nazis in 1933: the Machtergreifung in a New Light, de Hermann Beck (Berghahn Books, 2008). En él se documentan con gran detalle la ruptura y los enfrentamientos, a menudo violentos, del DNVP de Hugenberg con el NSDAP de Hitler en los meses posteriores a la formación de su Gobierno de coalición. En comparación, la actitud de la Liga de Salvini hacia el 5 Estrellas de Di Maio es un alarde de lealtad y *savoir faire*. Pero también para este aspecto me he servido de un texto más antiguo: Larry Eugene Jones, «The Greatest Stupidity of My Life: Alfred Hugenberg and the Formation of the Hitler Cabinet, January 1933», en *Journal of Contemporary History*, vol. 27, 1992, y, del mismo autor, «Franz von Papen, Catholic Conservatives, and the Establishment of the Third Reich, 1933-1934», en *Journal of Modern History*, 83, junio de 2011.

Sobre el debate en el seno de la izquierda, sigue siendo insuperable el estudio de Gian Enrico Rusconi *La crisi di Weimar. Crisi di sistema e sconfitta operaia* («La crisis de Weimar: crisis del sistema y derrota obrera»), publicado por Einaudi en 1977. Más reciente es *German Social Democracy and the Rise of Nazism*, de Donna Harsch (University of North Carolina Press, 1993); ofrece asimismo una selección de fuentes *The German Left and the Weimar Republic: A Selection of Documents*, a cargo de Ben Fowkes (Haymarket Books, 2014). Pero me he basado en gran medida en el estudio mucho anterior de Lewis J. Edinger, «German Social Democracy and Hitler's National Revolution of 1933: A Study in Democratic Leadership», *World Politics*, vol. 5, n.º 3, abril de 1953.

ROJIPARDISMO

Un tema en sí mismo, a menudo soslayado, es el de las coincidencias objetivas, y a veces subjetivas, entre la extrema izquierda y los nazis. Hoy en día se denomina comúnmente «rojipardismo». El tema, con amplias referencias al «bolchevismo prusiano» de Otto Strasser y otros exponentes de la extrema derecha nacionalista alemana, se aborda en un ensayo escrito en pleno auge del fascismo por mi compatriota Delio Cantimori, que probablemente ya era comunista entonces y reeditado recientemente por Carl Schmitt, *Stato, movimento, popolo. Con un saggio sul nazionalsocialismo di Delio Cantimori* (Si24, 2018). Estudios recientes sobre el tema son: Pamela E. Swett, *Neighbors and Enemies: The Culture of Radicalism in Berlin, 1929-1933* (Cambridge University Press, 2004); Conan Fischer, *The German Communists and the Rise of Nazism* (St. Martin's Press, 1991), y Eve Rosenhaft, *Beating the Fascists? The German Communists and Political Violence 1929-1933* (Cambridge University Press, 1983).

QUERIDO DIARIO

Son innumerables los testimonios proporcionados por diarios, cartas, informes, incluso obras de ficción de contemporáneos. La selección es, evidentemente, extremadamente parcial. Los artículos de Simenon sobre la Europa de 1933 están recogidos en el volumen *Mes apprentisages: reportages 1931-1946*, editado en francés por Francis Lacassin (Omnibus, 2016). Sobre la gran huida de la democracia en la Europa de entreguerras: Conan Fischer, *Europe Between Democracy and Dictatorship 1900-1945* (Wiley-Blackwell, 2011).

En cuanto a la obsesión de esa época por los asesinos en serie y los crímenes sexuales: Maria Tatar, *Lustmord: Sexual Murder in Weimar Germany* (Princeton University Press, 1997), con una impresionante documentación iconográfica.

Respecto a muchos de los juicios de los visitantes extranjeros sobre la Alemania de los años treinta estoy en deuda con el excelente libro de Luigi Forte *Berlino città d'altri. Il turismo intellettuale nella Repubblica di Weimar* (Neri Pozza, 2018) y con *Reisen ins Reich: 1933 bis 1945. Ausländische Autoren berichten aus Deutschland* (Eichborn, 2004, editado por Oliver Lubrich; hay traducción al inglés: *Travels in The Reich 1933-1945*, The University of Chicago Press, 2004), y *Viajeros en el Tercer Reich* de Julia Boyd (Ático de los libros, 2019, traducción de Claudia Casanova). Los diarios del sindicalista estadounidense Abraham Plotkin fueron encontrados en los archivos de la Universidad de Cornell y comentados por Catherine Collomp y Bruno Groppo en *An American in Hitler's Berlin: Abraham Plotkin's Diary, 1932-33* (University of Illinois Press, 2009). Un clásico es *La peste parda*, del militante trotskista Daniel Guérin, sobre su viaje a Alemania entre 1932 y 1933 (Fundamentos, 1977, traducción de Fernando Montes), que no debe confundirse con *La peste bruna. Diari 1931-1935*, de Klaus Mann, hijo de Thomas Mann y nieto de Heinrich Mann.

Hay dos magníficas obras que se basan en los diarios de protagonistas y personalidades con un papel destacado en los inicios del régimen y que acabaron refugiados (como Ernst *Putzi* Hanfstaengl, íntimo del Hitler de la primera época, y su secretario de prensa, Rudolf Diels, el primer jefe de la Gestapo) y en los de observadores extranjeros que los frecuentaban (Martha, la brillante y agraciada hija del embajador estadounidense Wiliam Dodd, sus principales colaboradores, los corresponsales extranjeros en el Berlín de aquellos años). Se trata de *1933. L'ascesa al potere di Adolf Hitler*, de Philip Metcalfe (Neri Pozza, 2018, pero publicada por primera vez en Estados Unidos en 1988) y *En el jardín de las bestias*, de Erik Larson (Ariel, 2024, traducción de Ana Herrera). A quienes quieran leer un solo libro sobre la Alemania de 1933-1934, les recomendaría una de estas dos reconstrucciones bien documentadas que se leen como novelas. Disfruté de su lectura y no he tenido reparos en servirme de ellas.

Un estudio aparte merecerían los testimonios y diarios de los nazis convencidos. En 1934, apenas un año después del nombramiento de Hitler, Theodore Abel, sociólogo de la Universidad de Columbia de origen judío, se dirigió personalmente al Gobierno alemán para que llevara a cabo una investigación sobre los motivos de adhesión al Partido Nacionalsocialista. El Ministerio de Propaganda de Goebbels decidió ayudarlo y envió unos 600 cuestionarios. Había una recompensa en metálico para «las mejores historias vitales de los seguidores de Hitler». De las respuestas a los cuestionarios Abel extrajo *Why Hitler Came to Power*, publicado por primera vez en 1938 y reeditado más adelante con un prólogo de Thomas Childers (Harvard University Press, 1986). Milton Mayer, judío nacido en Alemania, periodista y sociólogo en Estados Unidos, también había pasado un mes en Berlín en 1935 como invitado del embajador Dodd para tratar de comprender lo que estaba ocurriendo. Había intentado sin éxito entrevistar a Hitler. Volvería allí a principios de los años cincuenta para entrevistar a algunos exnazis convencidos, gente del pueblo, banqueros, profesores, comerciantes, artesanos, policías y estudiantes. El resultado fue *Creían que eran libres* (Gatopardo, 2022, traducción de María Antonia de Miquel). Se dice que en la década de 1950 Sheridan Allen pasó varios meses en un pueblo del estado de Baja Sajonia de apenas diez mil habitantes. Fruto de ello sería *La toma del poder por los nazis: la experiencia de una pequeña ciudad alemana, 1922-1945* (Ediciones B, 2009, traducción de Gabriel Dols).

Por último, están los diarios de dirigentes nazis, o de amigos de nazis, entre la autodefensa y el arrepentimiento.

Goebbels llevaba un diario y lo reelaboraba periódicamente para publicarlo y autopromocionarse. Von Papen, Weizsäcker, Speer, Schacht e incluso militares como el mariscal de campo Keitel y el almirante Dönitz escribieron unas memorias. Evidentemente, hay que tomárselas con humor. Como *Yo, Adolf Eichmann*

(Planeta Argentina, 1980, traducción de Guillermo Raebel), de Adolf Eichmann; las memorias bajo la horca, *Im Angesicht des Galgens*, del verdugo de Varsovia Hans Frank, o *Yo, comandante de Auschwitz* de Rudolf Höss (Arzalia, 2022, traducción de Juan Esteban Fassio), publicado con prólogo de Primo Levi. Un ave fénix, un bulo recurrente son los *Diarios* de Hitler, al igual que los de Mussolini, como cuenta el gran narrador Pasquale Chessa en *Il romanzo di Benito* (Utet, 2018). Respecto a los discursos oficiales, son más que suficientes los que recoge la monumental recopilación de Max Domarus, *Hitler: Reden und Proklamationen, 1932-1945*, también disponible en inglés en cuatro volúmenes: *Hitler: Speeches and Proclamations 1932-1945: The Chronicle of a Dictatorship* (Bolchazy-Carducci Publishers, 1988).

¡ES LA PRENSA, QUERIDO!

Una fuente inagotable y riquísima son, por supuesto, los periódicos de la época. Sobre la prensa de Weimar y su nefasto final bajo el nazismo, me resultó inestimable la obra de Bernhard Fulda *Press and Politics in the Weimar Republic* (Oxford University Press, 2009), pero también la más antigua de Modris Ekstein, *Limits of Reason: The German Democratic Press and the Collapse of Weimar Democracy* (Oxford University Press, 1975). Acerca de cómo pasó a estar bajo el control nazi, *The Captive Press in the Third Reich*

(Princeton University Press, 1964), de Oron J. Hale, el oficial de inteligencia estadounidense que interrogó al gran jefe de la prensa en el Tercer Reich, Max Amann, tras su captura. *Julius Streicher*, de Randall L. Bytwerk, sobre el dueño del archiantisemita *Stürmer*. Y sobre las «cartas de odio y prejuicio»: Dennis E. Showalter, *Little Man, What Now: Der Stürmer in the Weimar Republic* (Archon Books, 1982). A propósito de las páginas web italianas que recuerdan al *Stürmer*, el artículo «I fiancheggiatori del web in soccorso di Salvini dopo il crollo sui social», de Matteo Pucciarelli, *La Repubblica*, sábado 11 de enero de 2019, p. 11.

Respecto a la actitud de la prensa estadounidense, está muy bien documentado *Adolf Hitler and the Third Reich in American Magazines, 1923-1939*, de Michael Zalampas (Popular Press of Bowling Green State University, 2001).

LOS JUDÍOS COMO INMIGRANTES

En español, *Judíos errantes* de Joseph Roth (Acantilado, 2008) está disponible en traducción de P. Solózabal; yo he utilizado la traducción de Flaminia Bussotti al italiano que aparece en *Opere 1916-1930* (Bompiani, 1987). El texto canónico sobre la persecución y las leyes raciales, al menos durante la primera fase, es Saul Friedländer, *El Tercer Reich y los judíos (1933-1939)*, (Galaxia Gutenberg, 2016, traducción de Ana Herrera). En cuanto a las particularidades de los *Ost-Juden* y sus relaciones con los judíos integrados en la cultura alemana, he recurrido a Jack Wertheimer, *Unwelcome Strangers: East European Jews in Imperial Germany* (Oxford University Press, 1987, Studies in Jewish History) y William I. Brustein, *Roots of Hate: Anti-Semitism in Europe before the Holocaust* (Cambridge University Press, 2003). Acerca del judío como criminal nato: Michael Berkowitz, *The Crime of My Very Existence: Nazism and the Myth of Jewish Criminality* (University of California Press, 2007). Para la idea de cómo al odio a los más desesperados se superponen la envidia y el odio a los privilegiados y la élite, estoy en deuda con Götz Aly, *¿Por qué los alemanes? ¿Por qué los judíos? Las causas del Holocausto* (Crítica, 2015, traducción de Héctor Piquer Minguijón).

EL ENIGMA DEL CONSENSO

Sobre cómo se compró al pueblo alemán, también de Götz Aly *La utopía nazi: cómo Hitler compró a los alemanes* (Crítica, 2006, Juanmari Madariaga). En su edición inglesa, el título dice «Los beneficiarios de Hitler: cómo compraron los nazis al pueblo alemán», y en alemán, *Hitlers Volksstaat*.

Aly también documenta el casi desconocido robo en perjuicio de los europeos e incluso de los Aliados, incluida Italia (muchos documentos fueron destruidos deliberadamente por el Banco Central alemán después de la guerra). Sobre el robo en Italia a los judíos está el reciente *1938, l'Italia razzista. I documenti della persecuzione contro gli ebrei*, de Fabio Isman, con prólogo de Liliana Segre (Il Mulino, 2018).

Sobre el sistema de protección social, antes y después de Hitler: David F. Crew, *Germans on Welfare: From Weimar to Hitler* (Oxford Univesity Press, 1998). Respecto a la aprobación del régimen resulta fundamental, también en los aspectos más horripilantes, el muy bien documentado *No solo Hitler: consentimiento y represión en la Alemania nazi* (Crítica, 2002, traducción de Teófilo de Lozoya). Pero no todos se dejaron seducir y corromper por el flautista. Conviene recordar el peso que tuvo la oposición interna, especialmente en lo relativo a la familia, la esfera privada, el afecto a los seres queridos frente a las políticas de eutanasia de las «vidas indignas de ser vividas», los discapacitados y los enfermos mentales. Sobre esto escribe Nathan Stoltzfus, periodista alemán y posteriormente profesor de Estudios del Holocausto en la Universidad Estatal de Florida, en *Hitler's Compromises: Coercion and Consensus in Nazi Germany* (Yale University Press, 2016).

NADIE PUEDE JUZGARME

Sobre la connivencia entre la justicia y el régimen nazi: Ingo Müller, *Hitler's Justice: Courts of the Third Reich* (I.B. Tauris, 1991). Acerca de la justicia como espectáculo, el virtuosismo de los abogados de asalto y la «continuación de la lucha de clases» en la Alemania de Weimar: Henning Grunwald, *Courtroom to Revolutionary Stage: Performance and Ideology in Weimar Political Trials* (Oxford University Press, 2012). Sobre Hans Litten, el abogado que consiguió llevar a Hitler ante los tribunales y sentarlo en el banquillo: Benjamin Carter Hett, *El hombre que humilló a Hitler* (Ediciones B, 2008, traducción de Albert Solé). Del mismo autor, antiguo jurista y abogado, y profesor de Historia en la City University de Nueva York: *The Death of Democracy: Hitler's Rise to Power and the Downfall of the Weimar Republic* (William Heinemann, 2018).

MISTERIOS DE LA ECONOMÍA

Entre los enigmas que aún debaten los especialistas figura el «milagro económico» de Hitler, la absorción de los prácticamente seis millones de parados en los años siguientes a su ascenso al poder, una tasa de crecimiento cercana a la de la China de las últimas décadas, y cómo financió primero el rearme y luego la guerra sin sufrir una inflación letal como la de 1923 ni decepcionar demasiado a los beneficiados por el régimen. Las tesis más recientes sostienen que en realidad fue menos milagroso de lo que parece, mucho ruido y pocas nueces. Los alemanes se vieron obligados a librar una guerra de rapiña contra el resto de Europa y el Este, en parte porque de lo contrario habrían quebrado.

Sobre las razones económicas del hundimiento de la Alemania de Weimar y la política económica del Tercer Reich hay un sinfín de estudios. Una gran fuente de datos e interpretaciones sigue siendo *The German Slump: Politics and Economics, 1924-36*, de Harold James (Oxford, 1987). James expone, como especialista, el mismo dilema que yo planteo a través de los juicios contradictorios de los no especialistas Bertolt Brecht y Simone Weil; en pocas palabras, se cuenta entre los primeros historiadores que se preguntan si Hitler sabía de economía o si fingía saber: «Muchos historiadores han intentado interpretar el pensamiento económico de Hitler, pero han tenido que desistir porque lo que descubrían era totalmente vago y nebuloso [...] Según Mason, para Hitler la economía es solo una cuestión de política social. Stone concluye que "no es que Hitler supiera mucho de economía: actuaba con sentido común" [...] Pero ¿qué significaba hacer "política social" en las circunstancias concretas de 1932, 1933 y 1934? Hasta muy tarde, a partir de Turner, Barkai y Herbst, a los historiadores no les interesó la visión económica de Hitler...».

Los estudios más recientes que he consultado son: Albrecht Ritschl, «Reparations, Deficits, and Debt Default: The Great Depression in Germany», en Nicholas Crafts, Peter Fearon (eds.), *The Great Depression of the 1930s: Lessons for Today* (Oxford University Press, 2013); Richard Overy, «The German Economy, 1919-1945», en Panikos Panayi,

Weimar and Nazi Germany: Continuities and Discontinuities, (Longman Pearson, 2001). Más actual, pero ligeramente disperso, y un poco perdido entre tanta documentación: Adam Tooze, *The Wages of Destruction: The Making and Breaking of the Nazi Economy* (Penguin, 2007). *From Recovery to Catastrophe: Municipal Stabilisation and Political Crisis in Weimar Germany*, de Ben Liberman (Berghahn Books, 1998, Monographs in German History) aborda un tema importante aunque raramente estudiado: la destrucción de las finanzas locales.

Sobre Schacht, además del delicioso perfil de Geminello Alvi en *Uomini del Novecento* (Adelphi, 1995), destaca John Weitz, *Hitler's Banker: Hjalmar Horace Greeley Schacht* (Little, Brown, 1997). La idea del truco similar al de Mefistófeles en el *Fausto* de Goethe se la debo a Guido Preparata, brillante y polifacético economista italiano de la Universidad de Washington, y en particular a su «Hitler's Money: The Bills of Exchange of Schacht and Rearmament in the Third Reich», en *American Review of Political Economy*, vol. 1, n.º 1 (pp. 15-27), octubre de 2002. También son ilustrativos acerca de Schacht, el rearme y las políticas de gestión de la deuda Pierpaolo Barbieri, *La sombra de Hitler. El imperio económico nazi y la Guerra Civil española* (Taurus, 2015, traducción de María Luisa Rodríguez Tapia) y Fabio Casini, *Schacht e Norman. Politica e finanza negli anni fra le due guerre mondiali* (Rubettino, 2018).

Respecto a los trabajadores alemanes convencidos de que con Hitler las cosas «realmente no podrían ir peor» y que él solo «mandará al infierno a franceses y británicos»: H. R. Knickerbocker, *The German Crisis* (Farrar & Rinehart, 1933). La carta de Simone Weil a André, su hermano matemático, aparece en *L'arte della matematica* (Adelphi, 2018).

La ciudad sin judíos, de Bettauer (Cátedra , 2016, traducción de Miguel Ángel Vega Cernuda), me fue redescubierta por mi amiga Antonella Ottai, estudiosa de los años treinta, gracias también a «La hora de Berlín», el relato de su padre, que había vivido como estudiante en la que entonces era la capital mundial de la modernidad. Por el hallazgo de Lichtenstaedter estoy en deuda con Götz Aly. Por otro lado, Zamiatin, Orwell y Jens son viejos conocidos. Siempre he considerado que la ciencia ficción no sirve para profetizar el futuro, sino para comprender mejor el presente. Descubrir a Primo Levi como autor de ciencia ficción no hizo más que confirmármelo. Los peores profetas siempre han sido los que se creían profetas. En cuanto a Hitler como profeta del exterminio de los judíos, al menos al principio, para chantajear al resto del mundo a fin de que acogieran a los inmigrantes, la idea me vino de un seminario sobre la Conferencia de Evian de 1938 organizado por Gianantonio Caggiano en la Universidad de Roma III.

Entre los numerosos recursos sobre la fascinación nazi por el ocultismo, y en particular sobre el vidente Hanussen: Mel Gordon, *Erik Jan Hanussen: Hitler's Jewish Clairvoyant* (Feral House, 2001), que leí en traducción al italiano con el fabuloso título de *Il mago di Hitler. Un ebreo alla corte del Führer* (Mondadori, 2004). Si alguien desea entretenerse con las profecías de Nostradamus en las que se menciona a Hitler, señalo la recopilación que Robert Arthur ofrece en «The Rise and Fall of Hitler As Foreseen by Nostradamus», en *The Military Engineer*, vol. 51, n.º 339, enero-febrero de 1959.

ÍNDICE

Esta primera
edición de *Síndrome 1933*, de
Siegmund Ginzberg, ha sido impresa
con los papeles Coral Book Natural, de
90 g, y Symbol Tatami Ivory, de 250 g.
Se ha utilizado la tipografía Tisa OT.
Y se terminó de imprimir en
el mes de octubre del
año 2024.